Sonja Ortmanns

Beat für Beat: Klasse im Rhythmus

einfache Spielideen – farbige Rhythmuskarten – mitreißende Musikstücke zum Mitmachen

AOL verlag

Illustrationen

S. 10, 13, 16, 22, 34, 37 © Anne Karen Rasch
S. 8, 9, 10, 13, 14, 19, 20, 21, 25, 26, 28, 29, 31 © Scott Krausen

Impressum

Haupttitel wird hier eingefügt

Sonja Ortmanns studierte an der Folkwang Universität der Künste in Essen. Sie ist seit 20 Jahren Musiklehrerin an verschiedenen Grundschulen. Mit ihrem Mann und ihren drei Kindern lebt sie im bergischen Land.

1. Auflage 2016

Veritaskai 3 · 21079 Hamburg
Fon (040) 32 50 83-060 · Fax (040) 32 50 83-050
info@aol-verlag.de · www.aol-verlag.de

Redaktion: Dr. Sina Hosbach
Lektorat: Anja Sieber, Hamburg
Layout/Satz: Satzpunkt Ursula Ewert GmbH, Bayreuth
Notensatz: Dr. Sina Hosbach
Coverfoto: Sonja Ortmanns

ISBN: 978-3-403-10326-4

Engagiert unterrichten. Natürlich lernen.

AOL verlag

Inhaltsverzeichnis

Audio-Playlist und Inhalt der CD-ROM

Track	Einspielungen der Rhythmuskarten	Stufe 1	Stufe 2
01–25	einfach	x	
26–40	zweistimmig einfach	x	
41–55	Synkopen und Punktierte		x
56–65	Pausen		x
66–77	zweistimmig schwieriger klatschen		x
78–87	Dreivierteltakt		x

Track	Schlagzeugrhythmen	langsam	mittel	schnell
88	Acoustic Beat	x		
89	Fat Rocker	x		
90	Slow Beat	x		
91	Acoustic Beat		x	
92	Fat Rocker		x	
93	Slow Beat		x	
94	Acoustic Beat			x
95	Fat Rocker			x
96	Slow Beat			x

Stufe	Rhythmuskarten	Spiel-mit-Sätze für Boomwhackers/ Orff-Instrumente	Spiel-mit-Sätze zu klassischen Stücken
1	(01–25) einfach (26–40) zweistimmig einfach	Boomwhacker-Melodie Drei Chinesen mit dem Kontrabass (BW) Sankt Martin (BW) Waka Waka (BW)	Cancan Carmen Suite No. 1 – Les Toréadors (blanko, einzelne Stimmen, Partitur) Sinfonie mit dem Paukenschlag
2	(41–55) Synkopen und Punktierte (56–65) Pausen (66–77) zweistimmig schwieriger klatschen (78–87) Dreivierteltakt (A–F) mit Orff-Instrumenten: A = Karte 11 B = Karte 7 C = Karte 61 D = Karte 4 E = Karte 6 F = Karte 14	Billy (BW) Jetzt fahr'n wir über'n See (Orff) Die Affen rasen durch den Wald (Orff) Alle Spiel-mit-Sätze für Boomwhackers sind pro Ton farbig gestaltet!	The young persons guide to the orchestra Eine kleine Nachtmusik Tanz der Rüpel (blanko, einzelne Stimmen, Partitur)

Liebe Kolleginnen, liebe Kollegen,

Sie möchten schon möglichst früh das Rhythmusgefühl Ihrer Schüler[1] fördern – am besten gleich im regulären Unterricht? Dann finden Sie in „Beat für Beat“ dazu das passende Konzept. Verfolgen Sie mit mir anhand der Übungen ein neuartiges Projekt und führen Sie mit „Beat für Beat“ an Ihrer Grundschule eine „Rhythmusklasse“ ein! Es ist ganz leicht: Die kleinen und flexibel einsetzbaren Spieleinheiten, die ich hier in diesem Heft vorstelle, drehen sich zunächst nur um das Sprechen, Klopfen und Klatschen von Rhythmen. Mit viel Spaß an der Sache lernen die Kinder so die grundlegenden Notenwerte. Gerüstet mit diesem Unterrichtsmaterial können Sie die rhythmischen Basiskenntnisse – auch wenn Sie fachfremd sind – spielend und systematisch an Ihre Schüler vermitteln. Noch dazu ist es eine ideale Hinführung zum Musikunterricht der weiterführenden Schulen – insbesondere für die Streicher- und Bläserklassen!

Die Idee, die dahinter steckt, ist ganz einfach: Grundkenntnisse im Rhythmus, wie etwa „nach Notenwerten zu klatschen oder zu klopfen“ bzw. „ein Orff-Instrument nach Noten zu spielen“, lassen sich – im Gegensatz zu Notennamen, die je nach Instrument und Notenschlüssel immer unterschiedlich ausfallen können – ohne weiteres auf alle Instrumente übertragen. Daher finden Sie hier Rhythmuskarten mit Rhythmusnotationen und Angaben von einfachen Instrumenten, deren Schwierigkeitsgrad sich langsam steigert, auf zwei Niveaustufen verteilt. Zu beiden Stufen gibt es – z. T. als anschauliche Partituren – je verschiedene **Spiel-mit-Sätze** zu klassischer Musik, die sich außerdem noch hervorragend für Vorführungen eignen und sicher in Ihrer Musiksammlung zu finden sind. Boomwhacker- sowie Orff-Sätze für Kinderlieder sind ebenso dabei – alle Spiel-mit-Sätze für Boomwhackers sind auf der CD-ROM zusätzlich pro Ton farbig gestaltet und bei den Orff-Instrumenten der Einsatz von Trommel, Hölzer, Rassel eingezeichnet! Die Einspielungen der Rhythmuskarten als einzelne Audiodateien können Sie sich zudem von der beiliegenden CD-ROM herunterladen. Unterstützende und anregende Schlagzeugrhythmen wie einen „Acoustic Beat“, einen „Fat Rocker“ und einen „Slow Beat“ – alle in je drei Geschwindigkeiten – sind auch Bestandteil des Audio-Angebots. Diese lockern die Arbeit mit den Karten auf und können immer wieder beim „Erklatschen“ neuer Rhythmuskarten eingesetzt werden.

Nach einer kleinen theoretischen Einführung mit didaktischem Kommentar folgen die Übungen in **zwei Stufen** mit verschiedenen Schwierigkeitsgraden. **In der ersten und zweiten Stufe** arbeiten die Schüler mit Achteln, Vierteln und Halben. **In der zweiten Stufe** kommen dann Pausen, Synkopen und Punktierte sowie der Dreivierteltakt hinzu. Zu der ersten und zweiten Stufe gibt es jeweils am Ende des Bandes **zwei Rhythmustests**, um feststellen zu können, welches Kind den Rhythmus verstanden hat. Denn es ist im Klassenverband generell schwierig herauszufinden, wer zu früh weitergeklatscht hat oder eine Pause zu lange hält. Außerdem hat man mit den Tests stichhaltige Grundlagen, die in die Notenfindung mit einfließen können.

Im Innenteil des Bandes finden Sie außerdem 48 farbige Kartonkärtchen zum Heraustrennen für die Schülerhand – 24 für die Stufe 1 mit einfachen Rhythmen sowie 24 für Stufe 2. Auf der beiliegenden **CD-ROM** liegen die insgesamt **87 Rhythmuskarten** zum Ausdruck für Sie bereit. Mit ihnen können Sie selbst auch ganz leicht „große“ Karten für die Tafel erstellen! Wie Sie dies am besten machen?

Drucken Sie sich die auf der CD-ROM von Ihnen ausgesuchten Rhythmen einfach auf kopierfähiger Pappe aus. Sie können – wenn gewünscht – auch entsprechend vergrößert werden, damit gewährleistet bleibt, dass alles auch auf den hintersten Plätzen Ihrer Klasse gut erkennbar ist.

---

[1] Um die Lesbarkeit des Textes zu vereinfachen, wird im Folgenden ausschließlich die neutrale oder die männliche Form verwendet. Selbstverständlich sind damit – falls nicht ausdrücklich gekennzeichnet – zu jeder Zeit Personen beider Geschlechter gemeint.

- Ebenso kann man die Rhythmuskarten auch auf Folie ausdrucken und dann mit dem Overheadprojektor arbeiten.
- Oder ganz luxuriös: Stellen Sie einfach alles digital über Beamer oder Whiteboard zur Verfügung.
- Eine noch dauerhaftere Lösung ist es, die Karten auf normalem Papier auszudrucken und diese in eine leichte Prospekthülle zu stecken oder zu laminieren. In beiden Fällen kann es hier aber zu Lichtreflektionen kommen, so dass manche Schüler von ihren Plätzen aus die Noten nicht sehen können. Daher sollten Sie lieber matte Prospekthüllen nehmen.

Sonja Ortmanns

Tipp

Bekleben Sie die Karten am besten jeweils mit zwei kurzen Magnet-Streifen in den oberen Ecken! Dann halten sie von alleine an einer magnetischen Tafel. Schieben Sie sie dazu in matte, nicht spiegelnde Hüllen – bei laminierten Karten halten die Magnetstreifen meist nicht, weil sie zu schwer sind und sich unter Hitzeeinwirkung gerne wellen.

1. Einführung der Noten und ihrer „Namen“

Bevor Sie mit der Einführung starten können, vergeben Sie gleich zu Beginn der der ersten Stufe an alle Achtel, Viertel und Halbe drei leicht zu merkende Namen. Dies ist für die Kinder wirklich sehr hilfreich, insbesondere wenn Sie noch dazu darauf achten, dass sich Silbenanzahl und Betonung der Länge der Noten gut angleichen. In Kombination mit bestimmten Bewegungen gehen die verschiedenen Noten den Schülern gleich ins Blut, werden körperlich erfahrbar gemacht und sind auf diese Weise noch eingängiger.

In diesem Heft habe ich die Namen „Ti-ti“, „Ta“ und „Tu“ verwendet.

- Achtelnoten heißen bei mir „Ti-ti“ und treten anfangs nur zu zweit auf. Der Lehrer wiederholt immer wieder gleichmäßig „Ti-ti“ und die Kinder laufen dazu im Raum herum.

- Viertelnoten heißen „Ta“. Gleichgesetzt machen die Kinder dann ruhige Schritte durch die Klasse.

- Die halbe Note heißt „Tu“ – sie dauert zwei Schläge oder entspricht großen behäbigen „Bärenschritten“.

- Parallel benutzen Sie ab jetzt natürlich auch schon die korrekten Fachbegriffe Achtel, Viertel und Halbe.

Info

Zwar ließe sich das bisherige Repertoire an Noten auch leicht mit der tierischen Notationsmethode darstellen (Lö-we Pa-pa-gei Klap-per-schlan-ge Bär). Doch sind diese Rhythmen auf Dauer eintönig. Es kann beispielsweise mit ihnen auch kein Dreivierteltakt dargestellt werden. Und Tatsache ist: Nur Noten ermöglichen kompliziertere Rhythmen! Und schließlich kommen in der zweiten Stufe ja auch punktierte Noten, die entsprechenden Pausen sowie Synkopen hinzu ...

- Um die Arbeit mit den Rhythmuskarten nicht zu trocken werden zu lassen, kann jede Rhythmus-Stunde mit dem Klatschen oder Klopfen zu einem Schlagzeug-Beat der CD-ROM beendet werden. Dazu stehen drei verschiedene Arten (Acoustic Beat, Fat Rocker und Slow Beat) zur Verfügung. Alle drei Rhythmen sind in drei verschiedenen Tempi vorhanden, so dass sich die Klasse steigern kann.
- Ihre Rolle dabei ist es, am Anfang noch jede zu klopfende Note zu zeigen.
- Etwas später zeigen Sie nur noch auf die Karte, wenn der Rhythmus losgeht.
- Am Ende müssen die Schüler selber und ohne Ihre Hilfe mitlesen.

Tipp

Im Gegensatz zum Lesen eines Textes ist es beim Mitlesen von Noten sehr schwierig, wieder reinzukommen, wenn man einmal kurz nicht aufgepasst hat. Deshalb ist das Mitzeigen – zumal in der ersten Stufe – noch völlig legitim.

Der Beat im Hintergrund ist einerseits dabei eine gute Unterstützung. Da er aber unerbittlich weiterschlägt – auch bei komplizierteren Stellen – ist es andererseits wiederum auch schwieriger, im Metrum zu bleiben.

2. Vorbereitung auf das Rhythmus-Klatschen

- Um die Schüler in der ersten Stufe auf das Klatschen eines Rhythmus' vorzubereiten, können Sie zunächst einen Viervierteltakt von den Rhythmuskarten vorklatschen und die Schüler imitieren ihn – ohne ihn von den Rhythmuskarten ablesen zu müssen.

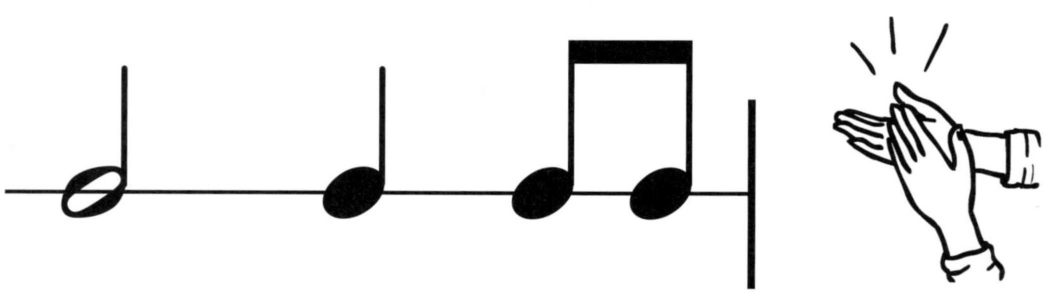

- Hat das noch nicht so gut geklappt, wiederholen Sie diesen Rhythmus, bis er sitzt. Man kann auch durch das Sprechen der Namen „Tu, Ta, Ti-ti" unsicheren Kindern helfen, sollte aber danach wieder ohne das Mitsprechen Klatschen. Wenn der Rhythmus klappt, klatschen Sie einen neuen.

Achtung

Wichtig ist dabei ist, dass der Lehrer nicht aus dem Takt gerät und immer wieder sofort an das Klatschen der Schüler anschließt.
Fühlen Sie sich beim Vorklatschen noch etwas unsicher, legen Sie sich ruhig einige Karten für die Schülerhand zurecht – und lesen den Rhythmus einfach ab!

Tipp

Diese Übung kann beliebig oft in eine Musikstunde eingebaut werden und ist immer eine gute Lösung, um die letzten Minuten bis zum Klingeln noch sinnvoll zu füllen. Außerdem bringt man durch diese Übung wieder Ruhe in die Klasse, falls vorher eine unruhigere Unterrichtsphase angesetzt war.

3. Zur Erhöhung des Schwierigkeitsgrades

In der zweiten Stufe, wenn es soweit ist, können Sie dann den Schwierigkeitsgrad erhöhen:

- Sie legen sich jetzt je zwei Karten der ersten Stufe von den Karten für die Schülerhand zurecht und verfahren wie oben.

Wichtig

Da nun der Rhythmus länger und komplizierter wird, sollten beiden letzten Noten nicht aus zwei Achteln bestehen, sondern aus einer Viertel oder einer Halben. Dann merken die Kinder: „Jetzt ist Schluss mit dem Vorklatschen!“ und es gelingt ihnen besser, Ihr Vorklatschen zu imitieren.

- Klappt dies gut, kann der Schwierigkeitsgrad erhöht werden, indem man als erste Karte eine der Stufe 2 nimmt. Später können beide Karten aus dem rhythmisch anspruchsvolleren Bereich stammen.

Info

Bei dieser Vorübung trainieren die Schüler, einen Rhythmus zu halten. Das Imitieren ist zudem leichter, als sich einen Rhythmus über Noten zu erschließen. Doch so sind die Schüler nun gut vorbereitet, Noten zu lesen.

4. Einführungsstunde

An der Tafel sind drei Rhythmuskarten befestigt. Mit Kreide wurden die Zahlen 1, 2 und 3 davor geschrieben, z. B.:

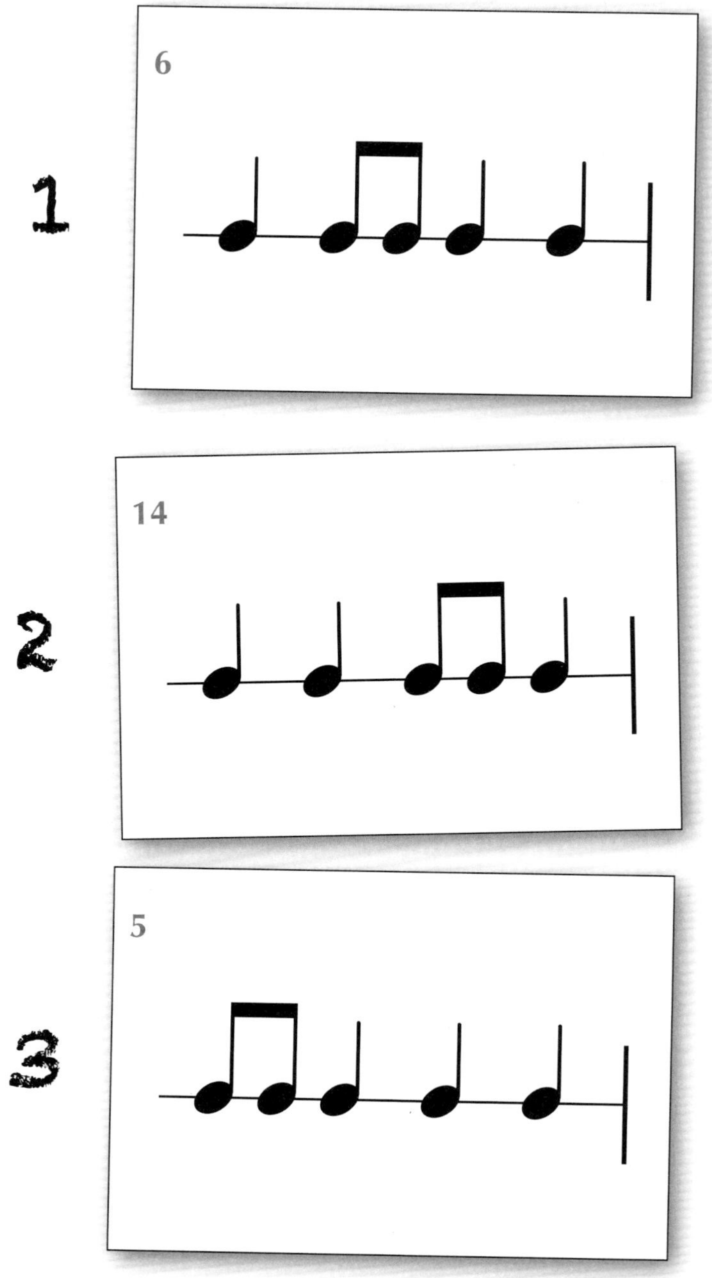

Info

Diese Beispiele sind genau deshalb ausgewählt, weil in allen dreien fünfmal geklatscht wird und man durch reines Abzählen nicht auf die Lösung kommen kann.

5. Ablauf der ersten Stunde

- Die Kinder sollen zunächst die Hände hinter den Rücken nehmen, genau zuhören und dabei die drei Notenbeispiele verfolgen.

- Sie verraten nicht, welche Karte sie nun klatschen werden, das sollen die Kinder erraten.

- Sie klatschen dann einmal den Rhythmus einer Karte – und nach einer kurzen Pause noch einmal.

- Dann zählen Sie bis drei.

- Jetzt gibt jedes Kind seinen Tipp ab, indem es mit seinen Fingern die entsprechende Nummer anzeigt (für 1 hält es z. B. den „Daumen hoch“ und als 2 eignet sich das „Friedenzeichen“ mit hochgestrecktem Zeige- und Mittelfinger, für die 3 wird der Daumen dazugenommen) – so haben auch alle Schüler das Gefühl, dranzukommen.

- Danach geben Sie die Lösung bekannt. Die Kinder, die richtig gewählt haben, bekommen nun kurz Zeit, sich zu freuen – und alle anderen, ihren Emotionen freien Lauf zu lassen!

Tipp

Das Spielchen kann einige Male wiederholt werden, dann sollten die Kinder erraten können, wie das mit dem Zählen denn funktioniert.
Schnell werden die Kinder darauf kommen, dass die Noten, die mit dem Balken verbunden sind, schnell geklatscht werden!

- Sie verraten Ihren Schülern jetzt, dass die Noten Namen haben – die mit dem Balken heißen „Ti-ti-“ und die anderen „Ta“.
- Nun wird mit dem rhythmischen Sprechen das erste Beispiel geübt, bis es sitzt.

Erst zählen Sie:

1 - 2 - 3 - 4 -:
Ta ti-ti ta ta.
Ta ti-ti ta ta.

Der Rhythmus kann ein paar Mal wiederholt werden.

- Nun fragen Sie, wer den Rhythmus einmal alleine vorklatschen möchte.
- Danach versuchen alle noch einmal gemeinsam zu klatschen, allerdings ohne „Ta ti-ti ta ta“ zu sagen – das sollte möglichst bald „im Kopf“ passieren.

Tipp

Anstatt „1 2 3 4“ können Sie auch „Achtung, fertig, jetzt geht’s los im **Achtel**-Rhythmus“ sagen.

- Mit den beiden anderen Rhythmen verfahren Sie dann genauso:

Ta ta ti-ti ta

Ti-ti ta ta ta

- Wenn alle Rhythmen eingeübt sind, können Sie versuchen, die Rhythmen hintereinander zu klatschen:

- Wiederholen Sie jeden Rhythmus vorerst **dreimal** (also klatschen sie ihn insgesamt **viermal**), danach gehen Sie zum nächsten.

- Die Wiederholungen reduziert man immer mehr, bis alle drei Rhythmen hintereinander geklatscht werden können. Dabei folgen Sie mit dem Finger genau den Noten, wie man es beim Lesen von Wörtern auch am Anfang macht.

Tipp

Wird der Rhythmus wackelig, können Sie mit dem lauten Mitsprechen von „Ta“ und „Ti-ti“ wieder Ruhe ins Klatschen bringen.

- Langsam sollten die Kinder von dem Finger des Lehrers unabhängig werden.

Dazu fragen Sie: Schafft ihr es auch, wenn ich nur den ersten Ton einer Karte zeige?

- Und schließlich zeigen Sie gar nicht mehr auf die Noten und die Kinder versuchen trotzdem, alle drei Rhythmen hintereinanderweg zu klatschen.

- Wenn noch ein wenig Zeit übrig ist, können einzelne Schüler das Rätsel-Klatschen vom Anfang in der Rolle der Lehrkraft übernehmen.

6. Der runde Abschluss

- Ein abgerundeter Abschluss für solch eine Stunde ist es dann, die Rhythmen zu einem Song, der bei den Kids gerade sehr „angesagt" ist, zu klatschen: Sie zeigen dann wieder die Rhythmuskarte, die zunächst wiederholt werden soll. Beim Refrain oder an einer anderen Stelle kann dann der nächste Rhythmus geklopft werden.

- Gut passt hier auch Harry Belafontes „Banana Boat Song": Der legendäre Sänger stellt eine musikalische „Frage" und die Klasse antwortet mit einer Rhythmuskarte, die zweimal hintereinander geklopft wird. Wieder kommt eine „Frage" – bei der die Kinder eine kurze Verschnaufpause haben – und eine andere Karte wird als Antwort geklopft.

- Wenn der „Banana Boat Song" nicht zur Hand ist, können Sie zunächst einen langsamen Schlagzeugrhythmus von der CD-ROM wählen. Erst wird eine Rhythmuskarte dreimal wiederholt, bis die nächste kommt. Danach nur noch einmal und zum Schluss müssen alle Karten hintereinanderweg geklatscht werden. Danach lieben die Schüler die Herausforderung, das Ganze auch zu einem etwas schnelleren Beat hinzukriegen!

Tipps

Eine gute Unterstützung für die Kinder ist es, wenn Sie – anstatt nur mit dem Finger zu zeigen – das Metrum (also immer Viertel-Noten) mit einer Trommel oder einem Cajon (ein Schlag unten = Bass – ein Schlag oben = Slap) dazu schlagen. Das hilft der Gruppe zusammenzubleiben!

Als Abwechslung können auch Klanghölzer verteilt werden oder die Schüler dürfen mit einem Stift gegen die Tischkante schlagen, da die Hände auf die Dauer durch das Klatschen ganz schön beansprucht werden.

7. Und so könnte es weitergehen

- Der Aufbau dieser Stunde kann problemlos mit anderen, schwierigeren Rhythmuskarten wiederholt werden. Außerdem kann die Anzahl auf vier bis fünf erhöht werden.
- Mit den Rhythmuskarten kann man noch mehr Spiele durchführen, die in den folgenden Kapiteln noch erklärt werden.

Tipp

Die Rhythmus-Einheit muss auch nicht immer die ganze Stunde dauern: Man kann auch am Anfang jeder Musikstunde nach einem gemeinsamen Lied eine kurze zehnminütige Einheit im Rhythmus-Klatschen durchführen.

1. Kurz zur Theorie

Die für Stufe 1 konzipierten Spiele eignen sich ohne Ausnahme auch für die komplizierteren Rhythmen der zweiten Stufe. Doch ist hier das Vorgehen ein anderes, weil man bei Pausen oder punktierten Noten mit „Ta“ und „Ti-ti“ nicht weiterkommt. Außerdem sind die Schüler einer so kindlichen „Musiksprache“ langsam entwachsen. Jetzt braucht man andere Hilfen zur Erschließung der Rhythmen.

Theorie

Das Zählen der Rhythmen wird nun durch das Eintragen des Grundmetrums erleichtert. Das kann in Form von Zahlen geschehen:

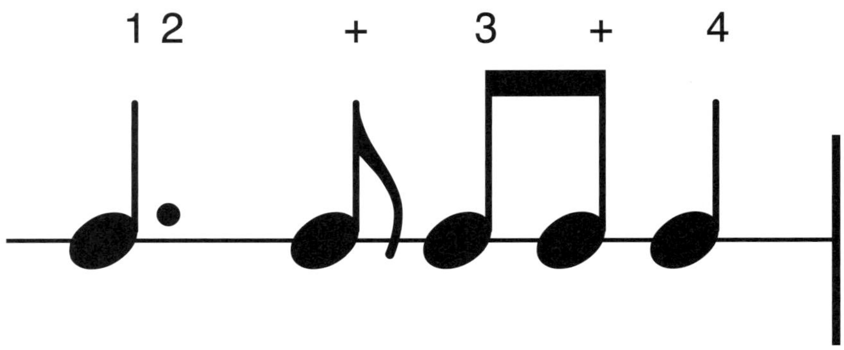

Das **+** wird „**und**“ gesprochen und wird nur zwischen den Zahlen eingeschoben, wenn auf der Zählzeit eine neue Note angespielt wird. „**1 2**“ wird hier gedehnt gesprochen, damit die Schüler merken, dass die Note darunter gehalten wird.

Oder man notiert lediglich das **Metrum in Form von Strichen**:

Es ist für die Kinder später eine große Hilfe, aber am Anfang auch eine Schwierigkeit, wenn sie diese Schläge mit dem Fuß mitklopfen oder die Zahlen dazu sprechen – denn es ist eine große koordinatorische Herausforderung, mit dem Fuß anders zu klopfen, als mit den Händen zu klatschen! Deshalb muss dies immer wieder geübt werden.

2. Einführungsstunde

► Die erste Stunde der zweiten Stufe beginnen Sie am besten mit einer Vorübung. Es geht dabei darum, dass die Kinder mit dem Fuß Viertel klopfen, während sie gleichzeitig Achtel klatschen.

► Als Hilfe führen Sie nacheinander folgende Stufen durch:

- Zuerst sprechen Sie: 1 2 3 4

- Dann klopfen Sie zu jeder Zahl einmal mit dem Fuß dazu:

- Nun zählen Sie das Grundmetrum nicht mehr mit – und Ihr Fuß klopft alleine weiter!

- Statt 1 2 3 4 sprechen Sie dann die Achtelnoten zu:

Der Fuß klopft weiter 1 2 3 4.

- Nun **sprechen und klatschen Sie den Achtel-Rhythmus, während der Fuß weiterhin Viertel klopft.** Schließlich wird mit den Kindern zusammen versucht, nicht mehr dazu zu sprechen, sondern nur noch zu klopfen und zu klatschen.

Tipp

Dies ist übrigens eine prima Hausaufgabe! Und für noch mehr Spaß kann man folgende koordinatorische Aufgabe stellen, z. B.:

- mit einer Hand auf den Kopf klopfen
- mit der anderen auf dem Bauch Kreise streichen

3. Ablauf der ersten Stunde

Dies alles diente der Vorbereitung. Nun wird es ernst.

► Der folgende Rhythmus wird an die Tafel geheftet:

► Gemeinsam wird überlegt, wie die vier Striche | | | | des Grundmetrums über den Noten verteilt werden müssen.

► Wenn kein Kind ein Instrument spielt, kann die Lehrkraft ruhig verraten, dass es „Ti-ti“-Noten auch einzeln geben kann und sie aussehen, als hinge ihr Balken herunter (= Fähnchen), und dass sie genauso schnell geklatscht werden wie jede „Ti-ti“-Note.

► Kommen die Schüler von alleine auf die richtige Lösung, wie die vier Striche verteilt werden müssen?

Das Grundmetrum – Lösung

Tipp

Die Striche werden mit den Kindern an die Tafel gemalt – nicht etwa auf die Karte. Ziel ist es jedoch, ganz ohne Striche den Rhythmus klatschen zu können.

► Wenn die Kinder es noch nicht hinbekommen, können Sie Folgendes tun:

Tipp

Regen Sie die Schüler an, einfach von hinten zu beginnen – und zwar mit dem Einzeichnen der Striche! Wie man „ti-ti" und „ta" klopft, wissen sie meist schon. Dabei ist darauf zu achten, dass der Strich über den beiden Achteln nicht etwa – wie der Gerechtigkeitssinn vieler Kinder es verlangt – in die Mitte gemalt wird, da er „schließlich geteilt werden muss". Der Strich kommt über die erste Achtel, weil in diesem Moment der Fuß nach unten geht, der unerbittlich das Metrum zählt – wie eine Uhr.

► In der ersten Stunde der zweiten Stufe können Sie dann noch **weitere** Karten einführen, die **punktierte Noten** enthalten. Dabei verfahren Sie genauso, wie in der ersten Stunde der ersten Stufe: Die Schüler wiederholen eine Karte so lange, bis der Rhythmus sitzt.

► Dann werden **alle Karten hintereinanderweg** geklatscht, während die Lehrkraft noch auf die Noten zeigt. Danach zeigt sie nur noch den ersten Ton jeder Karte und am Ende sollen die Schüler alleine durchkommen.

► Jetzt können die Kinder den **Rhythmus zu einem ihrer Lieblingssongs** von einer beliebigen CD **klatschen** – und schon hat man einen abgerundeten Abschluss mit einem vorzeigbaren Ergebnis.

4. Die Einführung von komplizierteren Rhythmen

In den weiteren Stunden sollten Sie Stück für Stück die Pausen und noch kompliziertere Rhythmen wie **Synkopen** einführen. Außerdem können Sie nun auch auf **Dreivierteltakte** zugreifen und endlich zu einem Walzer klatschen!

► Jede Stunde sollte zunächst damit beginnen, dass die Kinder **schnell die Striche oder die Zahlen über die Rhythmuskarten schreiben.**

► Dann können Sie **dieselben Spiele wie in der ersten Stufe mit diesem Material durchführen** (siehe Seiten 8–17). Doch Stück für Stück sollten die Striche oder Zahlen den Kindern ins Blut übergegangen sein und versucht werden, auf sie gänzlich zu verzichten – bis nur noch die ein oder andere unsichere Stelle eines Rhythmus' zu klären ist.

Info

Beim Klatschen **jeder** Rhythmuskarte ist es zunächst hilfreich, das Metrum einzuzeichnen. Nach und nach kann **darauf** verzichtet werden. Das **Metrum** sollte allerdings immer mit dem Fuß mitgeklopft werden! Das Schwierige daran ist es, mit dem Fuß weiterhin immer gleichmäßig das Metrum zu klopfen und nicht etwa den Rhythmus, der mit den Händen geklatscht wird.

5. Synkopen und Punktierte

Zur Auswahl auf der beiliegenden CD-ROM (sowie auf den heraustrennbaren kleinen Karten) stehen Rhythmen **mit Punktierten** sowie **mit Pause**. Ebenso finden sich Rhythmuskarten im **Dreivierteltakt**. Hier einige Beispiele:

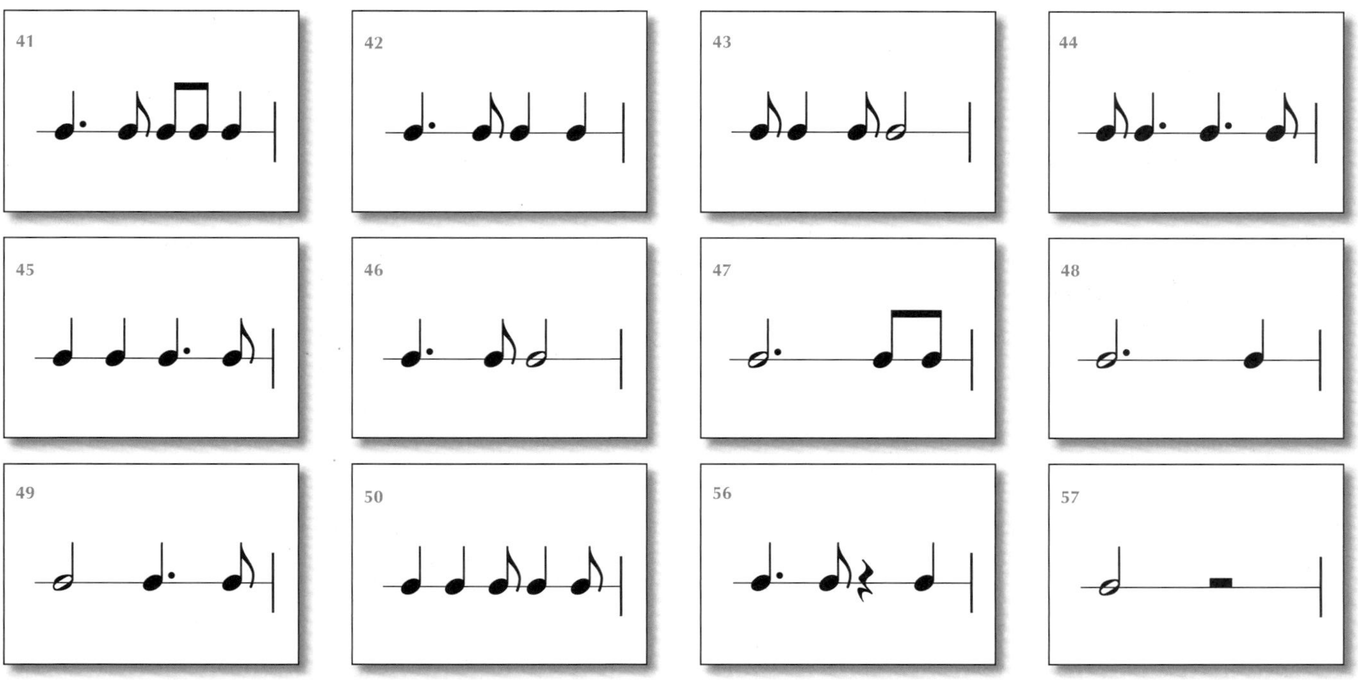

Die Stufe 2

- Die Klasse wiederholt immer wieder den Rhythmus der Karte, den Sie gerade hochhalten. Auf neue Karten muss die Klasse dann recht spontan reagieren und den nächsten Rhythmus klopfen. Später übernehmen Schüler Ihre Rolle und halten die Karten hin.

- Denkbar ist auch, die Rhythmen in einen Ordner zu heften und diesen dann hochzuhalten und die Karten immer wieder umzublättern. Das Umblättern sollte jedoch erst erfolgen, wenn der Rhythmus sitzt.

Tipp

Setzen Sie einen Acoustic Beat oder Fat Rocker ein – auch hier bietet sich ein Schlagzeugrhythmus von CD-ROM gut an, um die Unterrichtseinheit abzurunden! Allerdings passt dieser nicht beim Dreivierteltakt. Wählen Sie dafür einen Walzer aus Ihrer Musiksammlung.

6. Das gleichzeitige Klatschen verschiedener Rhythmen

- Zunächst drucken Sie sich – wie in der Einleitung auf den Seiten 6–7 beschrieben – vier bis fünf Rhythmuskarten aus.
- Jede Tischgruppe bekommt ihre „eigene“ Rhythmuskarte, die die Schüler üben müssen, jeweils gemeinsam zu klatschen.
- Dann klatscht die erste Tischgruppe „ihren“ Rhythmus zweimal, dann die zweite usw. Nun beginnt die erste Tischgruppe wieder, die zweite setzt ein, während die erste aber weiterklatscht … bis alle Tischgruppen „ihren“ Rhythmus klatschen!

Achtung

Das versetzte und gleichzeitige Klatschen verschiedener Rhythmen ist besonders schwer, weil man sich nicht durch den Rhythmus der anderen durcheinanderbringen lassen darf.

- Jede Tischgruppe erhält ein anderes Orff-Instrument: Eine Gruppe bekommt Hölzer, die andere Trommeln und die nächste Rasseln – Sie können alles nehmen, was Ihr Instrumentenfundus so hergibt.
- Nun zeigen Sie immer wieder an, welche Gruppe spielen darf, welche danach und danach usw. Einmal sind also nur Trommeln zu hören, danach nur die Rasseln.
- Diese Rolle kann dann ein Kind übernehmen.
- Zwei Gruppen gleichzeitig sind auch denkbar.

Tipp

Wenn Sie dazu am Ende einen Schlagzeug-Beat von der CD einspielen, hört es sich dann schon richtig professionell an.

7. Spiel 1: Rhythmus-Diktat

- Die Lehrkraft klopft eine Rhythmuskarte, die sie versteckt hinter der Tafel angebracht hat, und alle Schüler schreiben den Rhythmus auf. Dann klappt sie die Tafel um, und die Schüler können vergleichen, ob sie richtig gehört haben und die Noten schon gut kennen.

- Ein Schülerdirigent dirigiert einen Viervierteltakt und zeigt durch seine Bewegungen an, ob die Klasse laut oder leise spielen, ob sie lauter oder leiser, schneller oder langsamer werden soll. Für „laut" macht er dazu ausladende und große Bewegungen mit den Armen, für „leise" ganz kleine. Oder er macht sich für „laut" ganz groß oder macht sich klein, wenn alle leise spielen sollen … Alle spielen dazu einen verabredeten Rhythmus.

  Im **zweiten Schuljahr** kommt bei diesem beliebten Spiel ein zweiter Dirigent hinzu, der zeigt, welcher Rhythmus geklopft werden soll. Dazu hält er eine große Rhythmuskarte hoch und wechselt nach einer gewissen Zeit zur nächsten.

- Im **dritten Schuljahr** zeigt ein dritter Dirigent dann noch gleichzeitig, wer den Rhythmus klopfen soll: ein Schüler, eine Instrumentengruppe oder alle.

Kurze Erklärung zum Rhythmus-Wechseln

1. Sie halten die Rhythmus-Karte hoch, die gespielt werden soll.
2. Dann nehmen Sie parallel schon die nächste Karte in die Hand, damit die Schüler merken: Aha, es folgt gleich ein Wechsel! So können sie schon einmal „spicken" und wissen, wie es weitergeht.
3. Dieser Rhythmus wird aber erst dann gespielt, wenn Sie diese Karte hochhalten und gleichzeitig die andere Karte herunternehmen, um sich die nächste Karte zu nehmen.
4. Es ist auch möglich, den aufgeklappten Ordner zu Hilfe zu nehmen, in dem – wie oben beschrieben – die Rhythmuskarten abgeheftet sind. Es wird einfach umgeblättert – dann können sich die Schüler allerdings nicht mehr so gut vorbereiten und müssen sehr spontan reagieren!

8. Spiel 2: Rhythmus-Bingo

- Auf einem Blatt ist ein Raster mit drei Mal drei Kästchen anlegt. Von den zwölf an der Tafel angebrachten Rhythmuskarten darf sich jeder nun neun auswählen und an einer beliebigen Stelle in das Raster eintragen.
- Nun klatschen Sie einen Rhythmus und notieren sich, welcher es war.
- Die Schüler dürfen diesen Rhythmus durchstreichen, wenn sie diesen in ihrem Raster vorher eingetragen hatten.
- Sobald sie in einer Reihe, Spalte oder diagonal alle drei Rhythmen ausgestrichen haben, dürfen sie „Bingo!" rufen und haben gewonnen.

- Am Ende müssen Sie als zuständige Spielleitung aber selbstverständlich noch ganz genau überprüfen, ob alle Rhythmen am Ende auch richtig gehört wurden!

9. Spiel 3: Ein Geheimwort entschlüsseln

- An der Tafel befinden sich Rhythmus-Codes für verschiedene Buchstaben (nicht alle 26 – das wäre zu viel!).

Also z. B.:

A

B

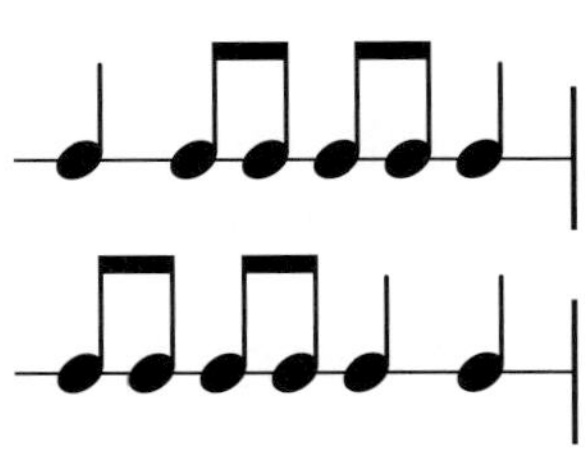

usw.

- Jede Tischgruppe denkt sich nun ein kurzes Wort aus, übt die Rhythmen und klatscht sie später den anderen vor, die erraten sollen, um welches Wort es sich handelt. Welche Gruppe als erste das Wort erraten hat, bekommt einen Punkt.

Spiele für die „kleinen" Schüler-Rhythmuskarten

Mit den „kleinen" Rhythmuskarten für die Schülerhand, kartoniert und heraustrennbar, farbig in zwei Stufen unterschieden, können Sie sehr gut im Sitzkreis agieren.

1. Stufe 1–2: Rondo-Klatschen

- Jedes Kind nimmt sich eine Rhythmuskarte und übt „seinen" Rhythmus.
- Danach klatscht jedes Kind reihum „seinen" Rhythmus.
- Jetzt wird in Rondo-Form geklatscht: ein Kind klopft seinen Rhythmus, alle antworten mit einem verabredeten Klassen-Rhythmus, das nächste Kind klatscht, alle antworten.

- Diese Übung wird noch abwechslungsreicher, wenn alle Kinder ein Orff-Instrument in den Händen halten.
- Ist das Rondo vorbei, geben alle Kinder ihr Instrument nach links weiter, legen die Rhythmuskarte wieder zurück, nehmen sich eine neue und ein neues Rondo kann beginnen. So kann jeder einmal die beliebte große Trommel oder ein anderes besonderes Instrument bekommen.
- Denkbar sind hier auch Boomwhackers, die pentatonisch gestimmt sind (beispielsweise C, D, E, G, A, kleines c). Es geht aber auch mit diatonischen (C, D, E, F, G, A, B, kleines c).

Tipp

Den Schwierigkeitsgrad können Sie hier erhöhen, wenn Sie nun zu einem Schlagzeug-Beat von CD-ROM spielen.

1

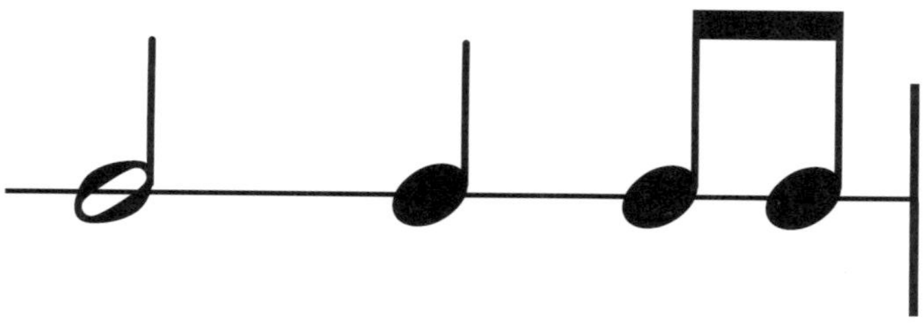

2

3

4

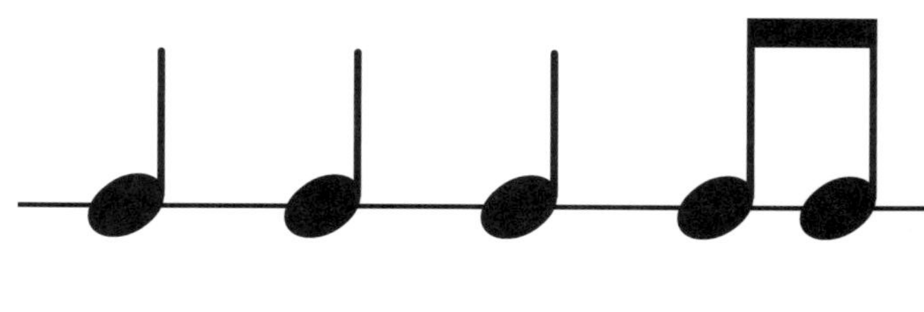

5

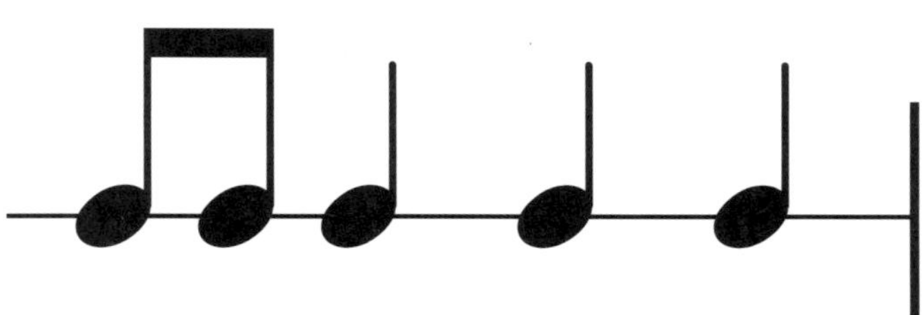

6

7

8

Rhythmuskarte 2 · Stufe 1

einfach

Rhythmuskarte 1 · Stufe 1

einfach

Rhythmuskarte 4 · Stufe 1

einfach

Rhythmuskarte 3 · Stufe 1

einfach

Rhythmuskarte 6 · Stufe 1

einfach

Rhythmuskarte 5 · Stufe 1

einfach

Rhythmuskarte 8 · Stufe 1

einfach

Rhythmuskarte 7 · Stufe 1

einfach

9

10

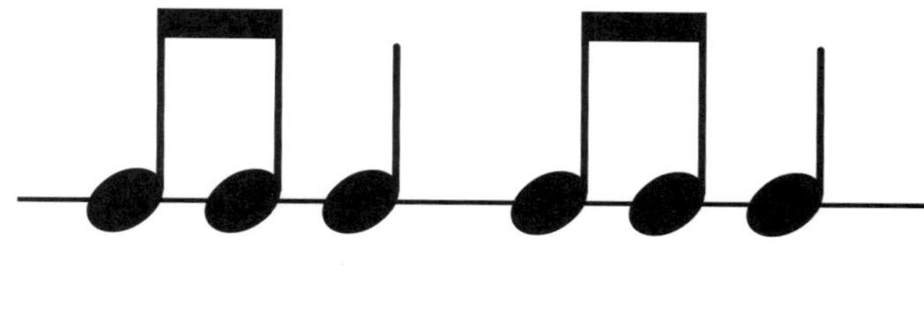

11

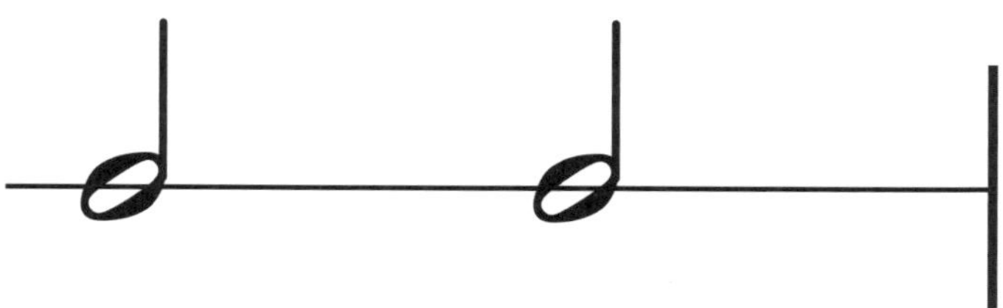

12

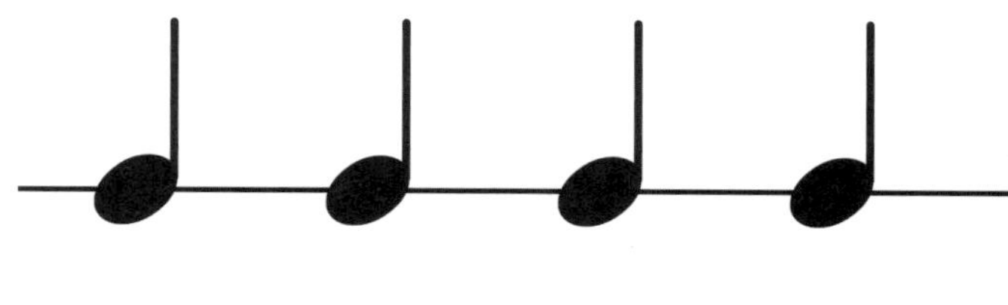

13

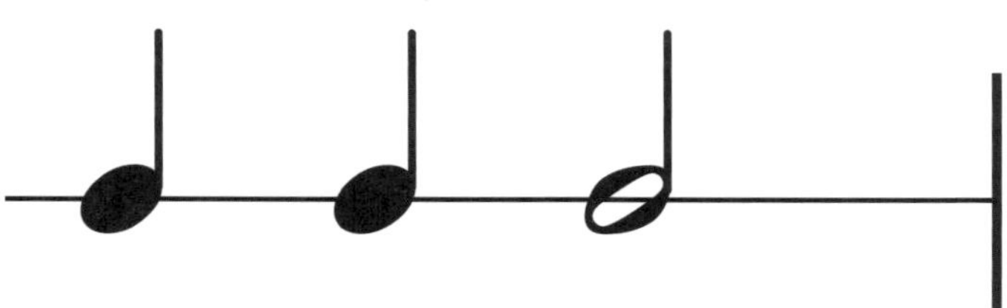

14

15

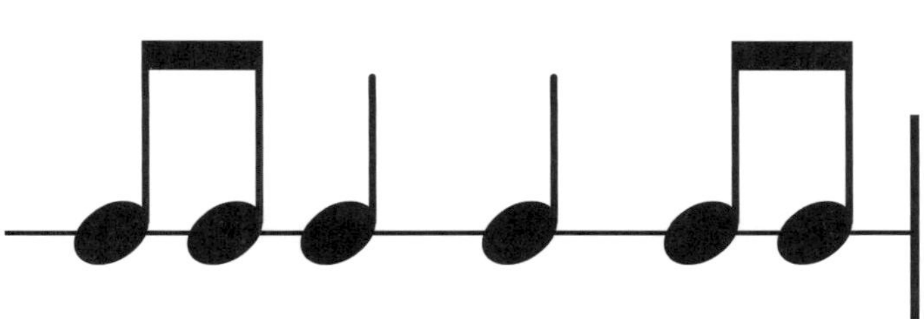

16

Rhythmuskarte 10 · Stufe 1

einfach

Rhythmuskarte 9 · Stufe 1

einfach

Rhythmuskarte 12 · Stufe 1

einfach

Rhythmuskarte 11 · Stufe 1

einfach

Rhythmuskarte 14 · Stufe 1

einfach

Rhythmuskarte 13 · Stufe 1

einfach

Rhythmuskarte 16 · Stufe 1

einfach

Rhythmuskarte 15 · Stufe 1

einfach

17

18

19

20

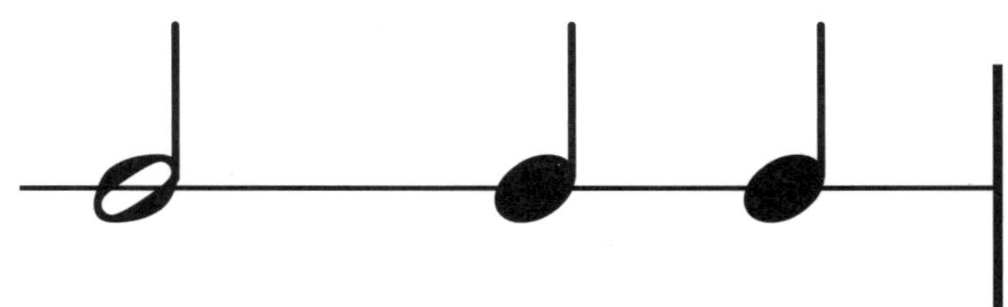

21

22

23

24

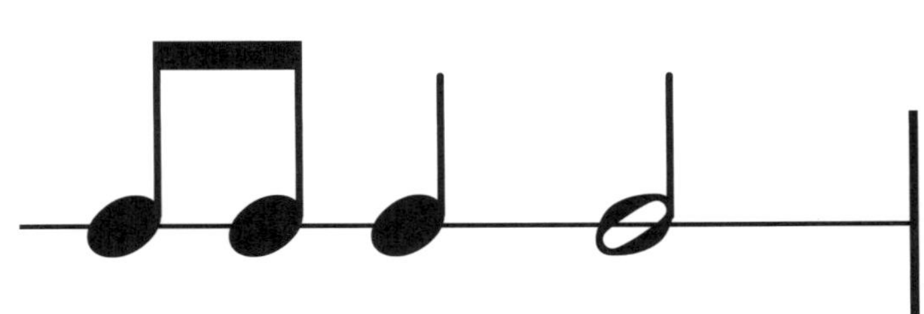

Rhythmuskarte 18 · Stufe 1

einfach

Rhythmuskarte 17 · Stufe 1

einfach

Rhythmuskarte 20 · Stufe 1

einfach

Rhythmuskarte 19 · Stufe 1

einfach

Rhythmuskarte 22 · Stufe 1

einfach

Rhythmuskarte 21 · Stufe 1

einfach

Rhythmuskarte 24 · Stufe 1

einfach

Rhythmuskarte 23 · Stufe 1

einfach

41

42

43

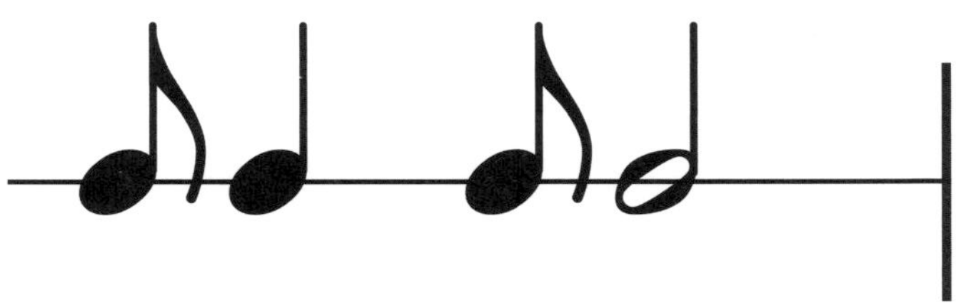

44

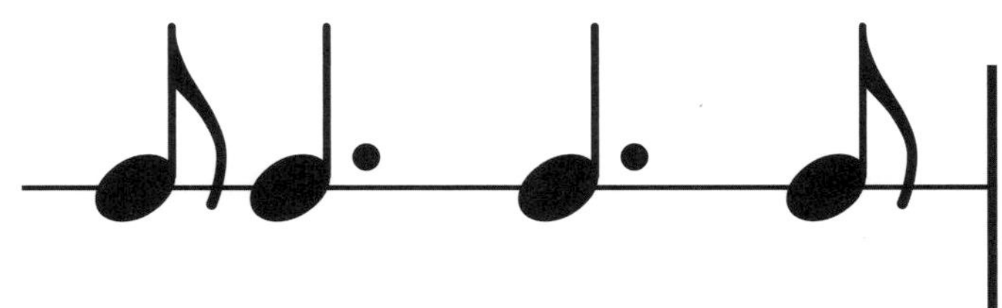

45

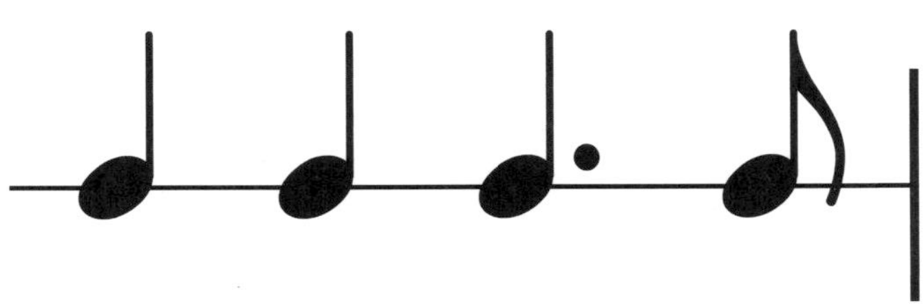

46

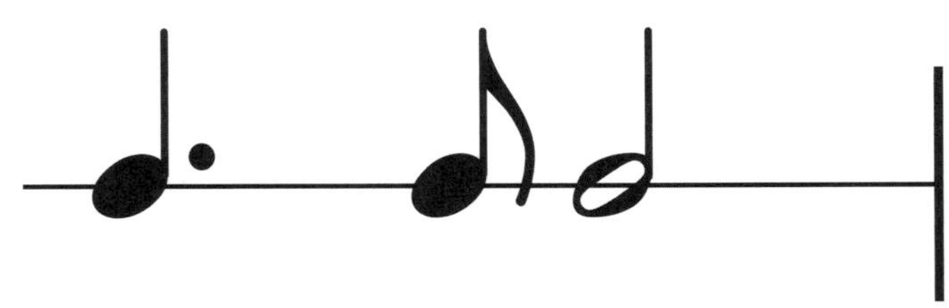

47

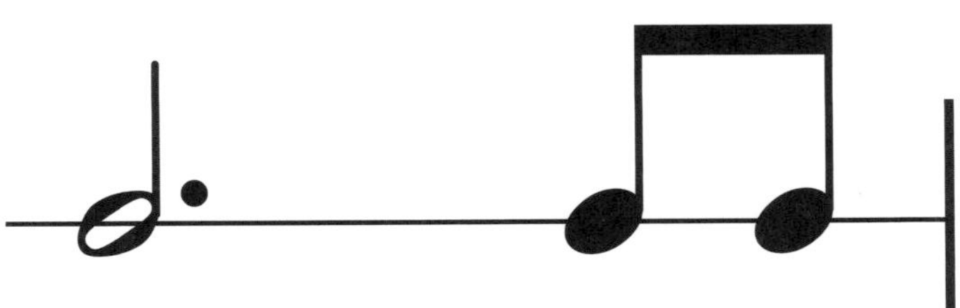

48

Rhythmuskarte 42 · Stufe 2

Synkopen und Punktierte

Rhythmuskarte 41 · Stufe 2

Synkopen und Punktierte

Rhythmuskarte 44 · Stufe 2

Synkopen und Punktierte

Rhythmuskarte 43 · Stufe 2

Synkopen und Punktierte

Rhythmuskarte 46 · Stufe 2

Synkopen und Punktierte

Rhythmuskarte 45 · Stufe 2

Synkopen und Punktierte

Rhythmuskarte 48 · Stufe 2

Synkopen und Punktierte

Rhythmuskarte 47 · Stufe 2

Synkopen und Punktierte

56

57

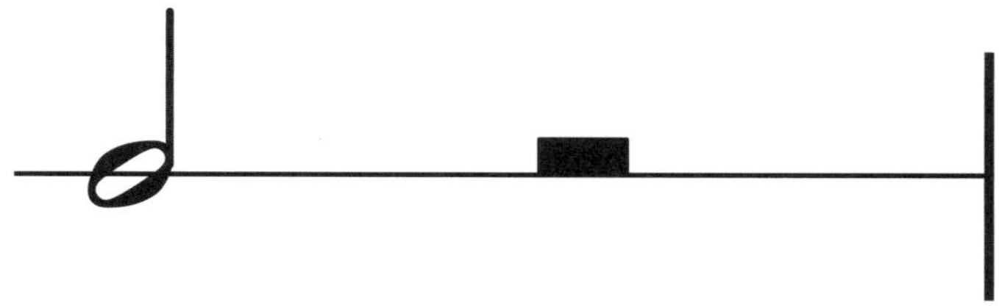

58

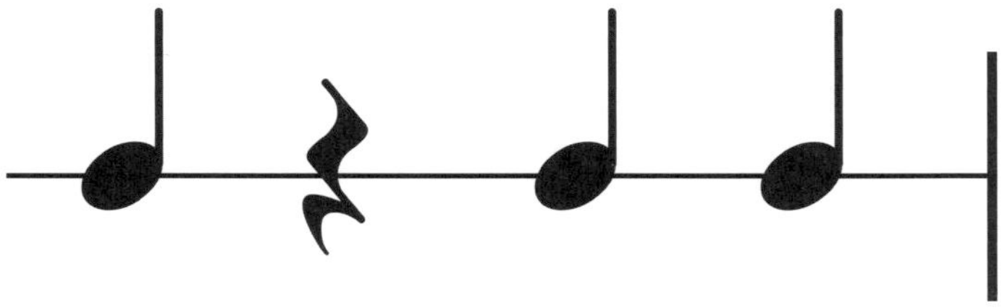

59

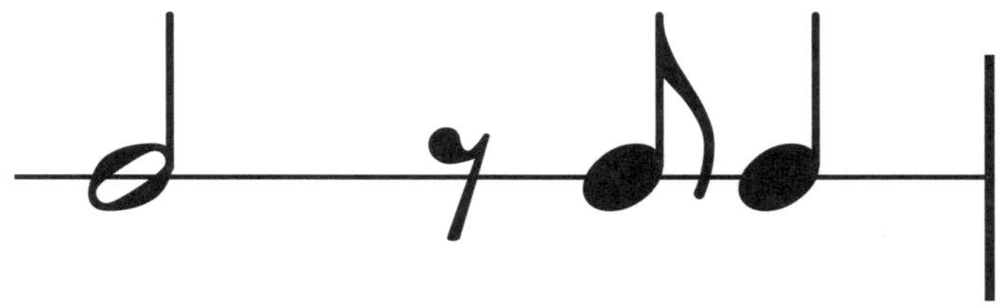

60

61

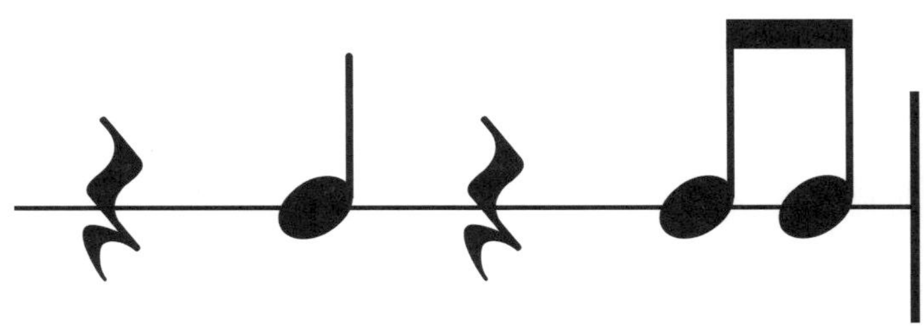

62

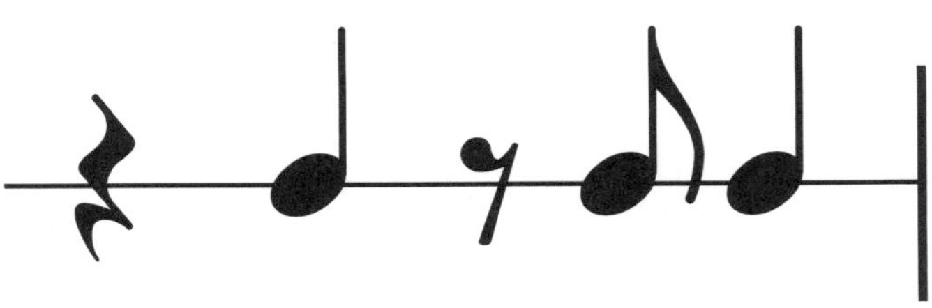

63

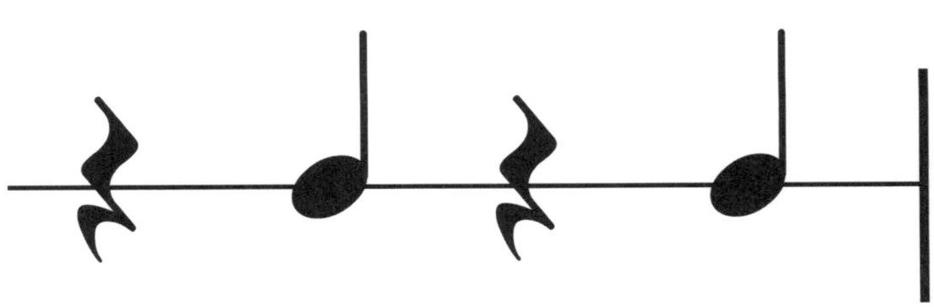

Rhythmuskarte 57 · Stufe 2

Pausen

Rhythmuskarte 59 · Stufe 2

Pausen

Rhythmuskarte 61 · Stufe 2

Pausen

Rhythmuskarte 63 · Stufe 2

Pausen

Rhythmuskarte 56 · Stufe 2

Pausen

Rhythmuskarte 58 · Stufe 2

Pausen

Rhythmuskarte 60 · Stufe 2

Pausen

Rhythmuskarte 62 · Stufe 2

Pausen

78

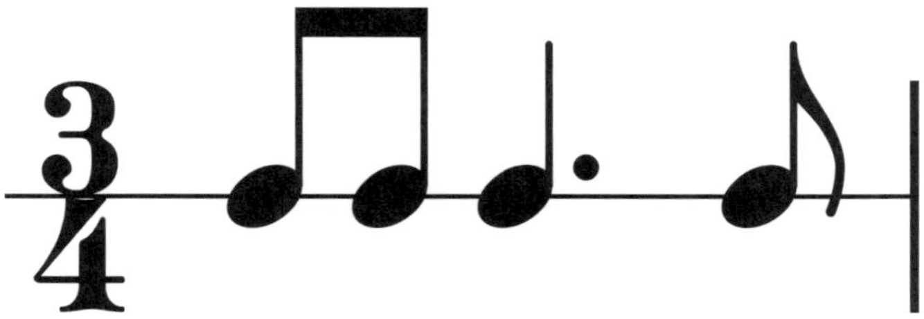

79

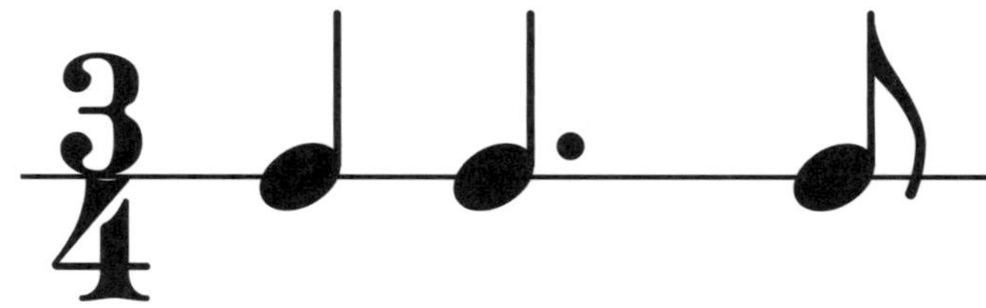

80

81

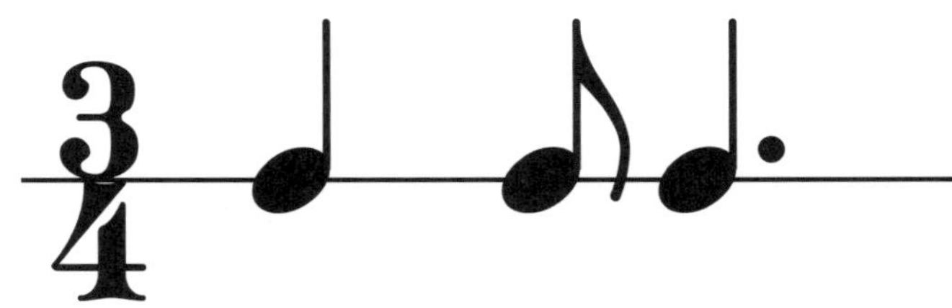

82

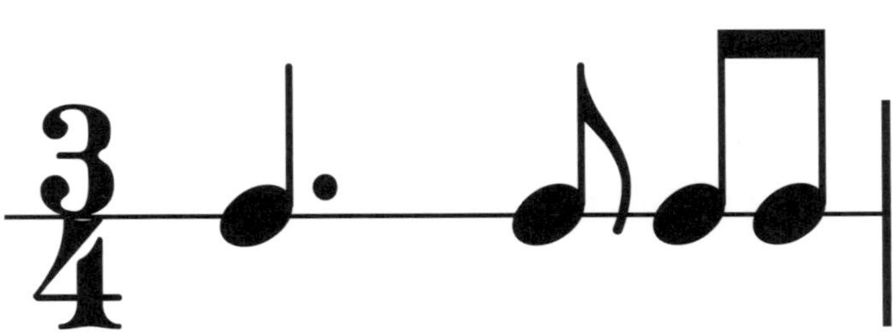

83

84

85

Rhythmuskarte 79 · Stufe 2

Dreivierteltakt

Rhythmuskarte 78 · Stufe 2

Dreivierteltakt

Rhythmuskarte 81 · Stufe 2

Dreivierteltakt

Rhythmuskarte 80 · Stufe 2

Dreivierteltakt

Rhythmuskarte 83 · Stufe 2

Dreivierteltakt

Rhythmuskarte 82 · Stufe 2

Dreivierteltakt

Rhythmuskarte 85 · Stufe 2

Dreivierteltakt

Rhythmuskarte 84 · Stufe 2

Dreivierteltakt

2. Stufe 1–2: Partner-Rhythmus-Diktat

- Der erste Partner wählt eine Rhythmuskarte und klopft diesen Rhythmus. Der zweite Partner schreibt ihn auf. Danach wird verglichen.

3. Stufe 1–2: Rhythmus-Paare suchen

- Zwei Kinder verlassen die Klasse und die anderen tun sich zu zweit zusammen – bei einer ungeraden Anzahl gibt es eine Dreiergruppe.
- Die Partner suchen sich eine Rhythmuskarte aus.
- Sie nehmen sie mit und üben den Rhythmus, bis sie ihn auswendig können.
- Ein Kind nimmt die verdeckte Karte mit und alle verteilen sich in der Klasse.
- Die beiden Kinder, die vor der Tür stehen, werden hereingebeten.
- Sie lassen sich von einzelnen Kindern ihren Rhythmus vorklatschen und versuchen, die Paare zu finden.
- Sind sie zugeordnet, setzen diese sich auf den Platz.

Info

Dieses Spiel spielt man auch gerne im Sportunterricht – dort allerdings mit paargleichen Bewegungen der Schüler!

4. Stufe 1–2: Den gleichen Rhythmus finden

- Jedes Kind bekommt eine Rhythmuskarte und übt ihn, bis es ihn auswendig kann.

Achtung

Von jedem Rhythmus werden zwei Karten ausgegeben. Sie müssten die 24 Rhythmuskarten also noch einmal kopieren oder ausdrucken. Bei einer ungeraden Anzahl von Mitspielern ergibt es sich außerdem, dass von einem der Rhythmen drei Karten verteilt – und gesucht – werden müssen!

Spiele für die „kleinen" Schüler-Rhythmuskarten

- Nun gehen die Schüler durch die Klasse und klatschen jedem, dem sie begegnen, ihren Rhythmus vor.
- Haben sich zwei gleiche gefunden, überprüfen sie gegenseitig ihre Karten und dürfen sich setzen, wenn der Rhythmus übereinstimmt.

…

Hier sehen Sie noch einmal alle möglichen **Vierviertaltakte,** die aus **Achteln, Vierteln** und **Halben** bestehen:

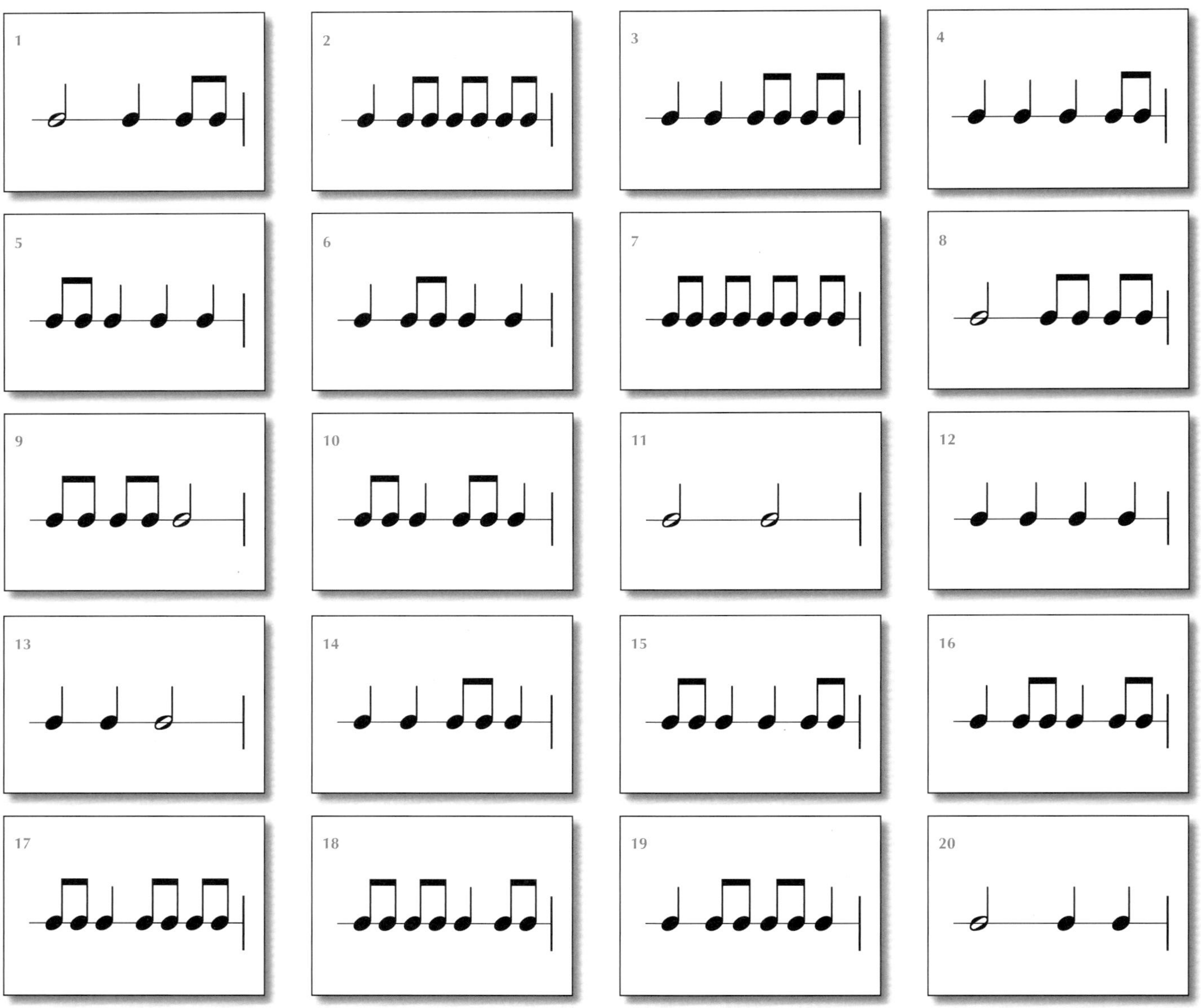

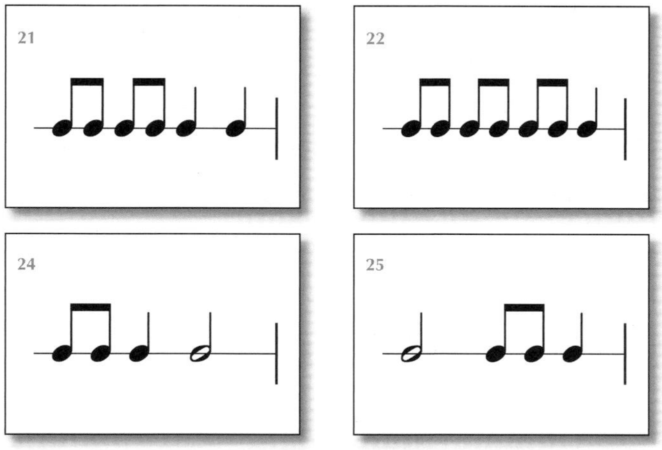

Tipp

Auf der CD-ROM liegen alle Rhythmen eingespielt vor und können eine Hilfe sein, wenn Sie vielleicht unsicher sind. Die Nummer des Tracks entspricht der Nummer des Rhythmus'.

5. Stufe 1–2: Zweistimmig einfach und schwieriger

Haben die Schüler die Rhythmuskarten sicher lesen gelernt, können sie sich nun an „zweistimmige" Rhythmen herantrauen. Hier als ein paar Beispiele die Karten:

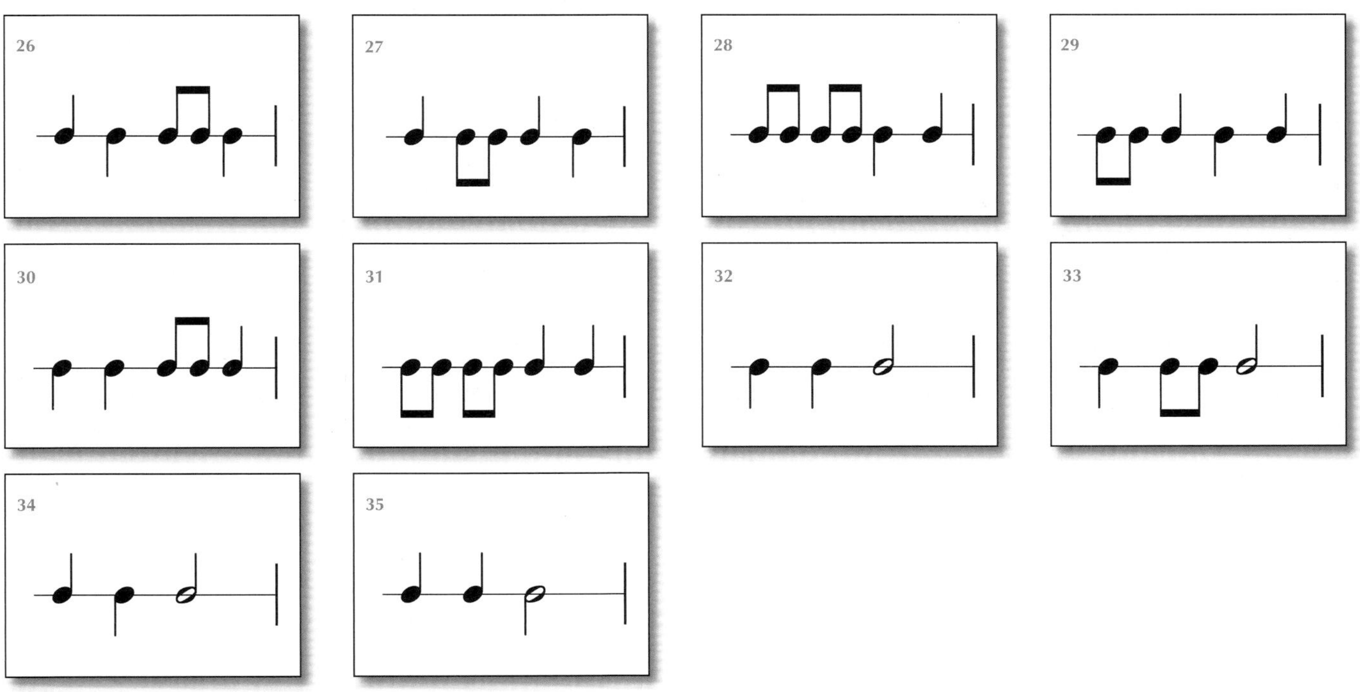

Spiele für die „kleinen" Schüler-Rhythmuskarten

Auf der CD-ROM sind die Rhythmen mit Klanghölzern eingespielt – die zweistimmigen allerdings mit **Klanghölzern** (für die Noten mit dem **Notenhals nach oben**) und **Trommel** (für die Noten mit dem **Notenhals nach unten**).

Durch die unterschiedlichen Noten ergeben sich viele Interpretationsmöglichkeiten für den Unterricht:

- Die *Noten mit dem Hals nach oben* werden auf die Oberschenkel **gepatscht**, die **Noten mit dem Hals nach unten** werden **geklatscht**.
- Oder die Schüler *stampfen und schnipsen, schlagen auf den Tisch und sich gegen die Brust* oder **sprechen Laute wie „Bumm“ und „de“** oder machen andere Laute.

Tipp

Drucken Sie sich die Rhythmuskarte von CD-ROM vergrößert aus, heften Sie sie an die Tafel und schreiben – zur besseren Unterscheidung möglichst mit verschiedenfarbiger Kreide – sowohl oben als auch unten auf, was die Schüler jeweils bei den Noten mit Hals nach unten und nach oben tun sollen (z. B. auf den Tisch schlagen bzw. „Bumm“ sagen etc.).

Mit den zweistimmigen Karten der Stufe 2 verfahren Sie genauso wie in der ersten Stufe:

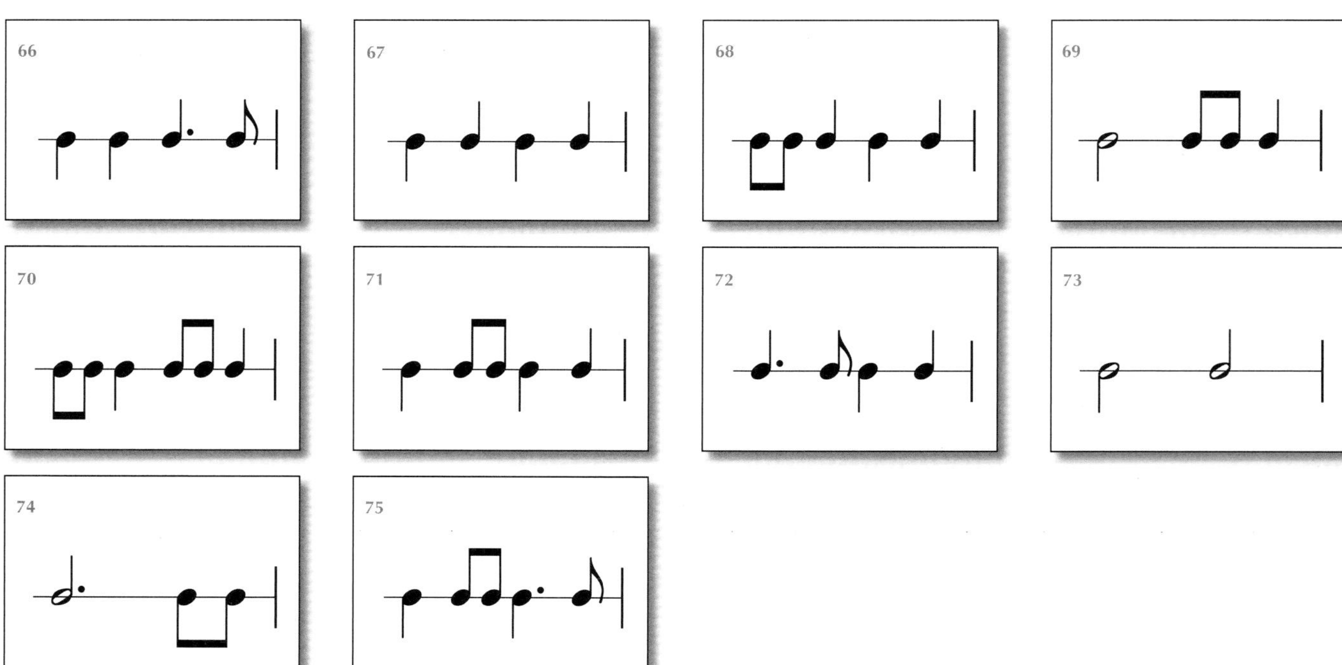

6. Stufe 1–2: Mehrere Rhythmen

Damit es nicht zu eintönig wird, können **mehrere Karten hintereinander** an der Tafel befestigt werden:

- Bei diesem Vorgehen klopfen, klatschen oder patschen zunächst **alle** Schüler denselben Rhythmus.
- Um den Schwierigkeitsgrad in einem ersten Schritt zu erhöhen, können z. B. die linke **Hälfte der Klasse** die Noten mit den Hälsen nach unten und die rechte die Noten mit den Hälsen nach oben klatschen.
- Oder man gibt **zwei** verschiedene **Orff-Instrumente** aus, z. B. Trommeln und Klanghölzer oder Triangel und Rasseln.

7. Stufe 1–2: Boomwhacker-Klangspiel

Eine weitere Möglichkeit ist, einige **Boomwhackers** auszuwählen und die **Klänge** zusammenzustellen, darunter gern auch welche für chromatische Boomwhackers in moll. Hier könnte gelten:

Hals nach oben	Hals nach unten
C-Dur (C, E, G, kleines c)	G-Dur mit Septime (G, D, B, F)
a-moll 7 (A am besten mit Kappe, dann klingt der Grundton tief, C, E, G)	E-Dur mit Septime (E, Gis, B, D)

- Oder man spielt wieder mit rechter und linker Klassenseite und lässt sich überraschen, was dabei herauskommt.

Info

Die Boomwhackers sind auf Englisch beschriftet ... daher lautet es „B"– im Deutschen sagt man hier zwar „H" – was im Grunde auch logischer klingt: A, B, C, D, E, F, G, ...

8. Stufe 1–2: Mehrstimmig mit Orff-Instrumenten

Nun kommen mit Orff-Instrumenten orchestrierte Schlagzeugrhythmen hinzu. Hier die Karten A, B, C:

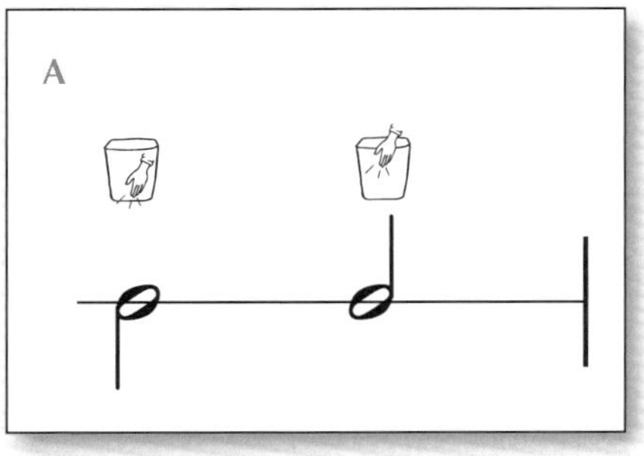

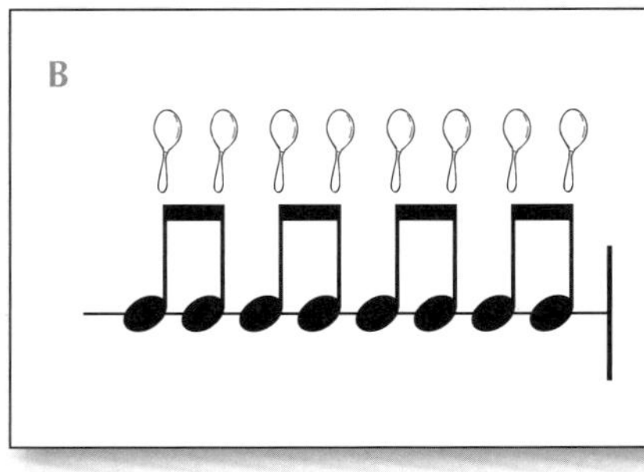

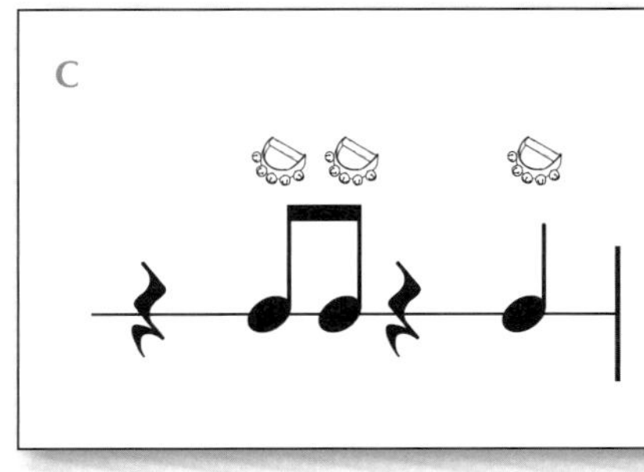

Das Cajon beginnt:

- eine **Halbe „Bass“** (unten anschlagen), eine **Halbe „Tap“** (oben anschlagen).
- Das **Cajon spielt immer weiter**, wenn nun die **Rassel mit den Achteln** einsetzt.
- Nun kommt der **Schellenkranz** mit seinem schwierigeren Off-Beat dazu.
- Alle spielen nun ihren eigenen Rhythmus – aber gleichzeitig. Dies hört sich jetzt einem Schlagzeugrhythmus sehr ähnlich an!
- Jetzt können Sie den Rhythmus Schritt für Schritt verändern – wie bei den Spielanweisungen oben bei „Rhythmus-Umblättern“ (siehe Seite 24) – nur dass die übrigen Instrumente immer weiterspielen, während das Cajon nun z. B. eine Halbe und zwei Viertel spielen soll …
- Danach wird gewechselt, weil jeder gerne einmal Cajon spielen möchte.

Nun können Sie auch selber solche Kombinationen kreieren:

- Nehmen Sie die normalen Rhythmuskarten und heften Sie sie an die Tafel, zeichnen Sie das jeweilig zu nutzende Instrument vor den Rhythmus an die Tafel. Mehr als drei bis vier Rhythmen sollten Sie jedoch nicht kombinieren.

Achtung

Bedenken Sie, wie schwer es ist, „gegen“ einen anderen Rhythmus seinen eigenen beizubehalten, und beginnen Sie zunächst ganz einfach mit den Karten der ersten Stufe. Außerdem können Sie der Inklusion Rechnung tragen, indem die Schüler, denen das Rhythmus-Halten noch schwerfällt, einfache Rhythmen klopfen (also Halbe oder durchgehende Achtel).

- Auf der CD ROM befinden sich aber auch „auskomponierte“ Rhythmen (Karten A–F), die bereits mit den Orff-Instrumenten versehen sind: Es sind **drei Rhythmuskarten, in denen die Mehrstimmigkeit** jeweils bereits **enthalten ist.** Nutzen Sie jeweils nur eine. Diese haben den Vorteil, dass Sie mitzeigen können (bei drei verschiedenen Karten wird Ihnen dies nicht gelingen!). Hier folgen die Karten D, E, F:

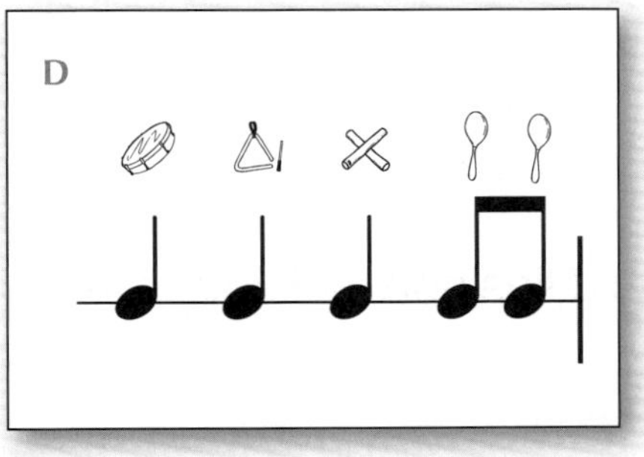

Spiel-mit-Sätze zu klassischer Musik

Info

Grundsätzlich gehen Sie bei einem Spiel-mit-Satz so vor: Kopieren Sie den Spiel-mit-Satz für den Overheadprojektor auf Folie oder werfen Sie ihn mit dem Beamer an die Wand. So können zunächst Sie und später die Kinder zeigen, wo gerade geklatscht wird. Später geht man dann dazu über, nur noch den Anfang einer Zeile oder eines Abschnitts zu zeigen. Ziel sollte es natürlich sein, dass die Kinder selber wissen, wo man sich gerade befindet.

Alle folgenden Spiel-mit-Sätze befinden sich zum Ausdrucken auf der beiliegenden CD-ROM.

1. Stufe 1: Der „Cancan“ von Offenbach

Jeder Musiklehrer müsste den „Cancan“ aus der Ouvertüre von „Orpheus in der Unterwelt“ von Jaques Offenbach in der Schublade haben und kann jetzt folgenden Spiel-mit-Satz realisieren:

Cancan

► Hier sind zunächst keine Instrumente angegeben – dann klopfen oder klatschen erst einmal alle. Zudem sind nur die ersten acht Takte mit Rhythmus versehen. Entweder drehen Sie die CD dann leise oder Sie warten, bis die Anfangsmelodie wiederkommt, und klopfen erneut dazu. Vielleicht haben die Schüler eine Idee, welches Instrument bei den Zwischenteilen frei dazu spielen könnte?

2. Stufe 1: „Carmen Suite No. 1 – Les Toréadors“ von Bizet

Das Prélude der „Carmen Suite No. 1 – Les Toréadors“ von George Bizet ist hingegen schon viel anspruchsvoller und mit genauen Spielanleitungen versehen. Deshalb vorab zum Verständnis der Partitur:

Info

1. Ist ein Orff-Instrument **vor der Notenzeile** abgebildet, heißt das, dass dieses Instrument die **ganze Zeile** durchspielt (Ausnahme: Die Trommel ist in der zweiten Klammer durchgestrichen – hier bitte nicht spielen).
2. Ist das Instrument aber **nur über einer** Note abgebildet, soll **nur diese Note** gespielt werden.
3. Die **Schlangenlinien** in der fünften Zeile bedeuten, **dass die Triangel hier ein Tremolo spielen soll** (der Schlegel ist also in einer Ecke und wird so schnell wie möglich auf und ab bewegt).
4. Bevor Sie beginnen können, müssen Sie erst noch die **Pausen einführen**: Die Viertelpause mit der Dauer eines Schlages, die halbe Pause mit der Dauer von zwei Schlägen und die ganze Pause mit der Dauer von vier Schlägen. Es ist hilfreich und absolut ausreichend, die Schläge über den Pausen zu notieren. So werden die Schüler problemlos verstehen, wie hier zu spielen ist.
5. Hier in diesem Band sehen Sie beispielhaft nur die erste Seite der Carmen Suite No. 1 als Partitur. Auf der CD-ROM gibt es die vollständige Partitur zum Download sowie für jedes Instrument einen eigenen Notensatz. Den dort ebenso angebotenen Blanko-Notensatz können Sie gut zur allgemeinen Orientierung im Unterricht verwenden.

Tipp

Anfänger bevorzugen es, wenn die Noten ihres Instruments mit Textmarker hervorgehoben werden. Dies sollte jedoch bald sein gelassen werden, damit bei Aufführungen der Stress, das richtige Notenblatt auf den Notenständer des entsprechenden Instruments zu legen, nicht zu groß wird – und jeder Schüler von jedem Notenblatt spielen kann!

Carmen Suite No. 1 – Les Toréadors

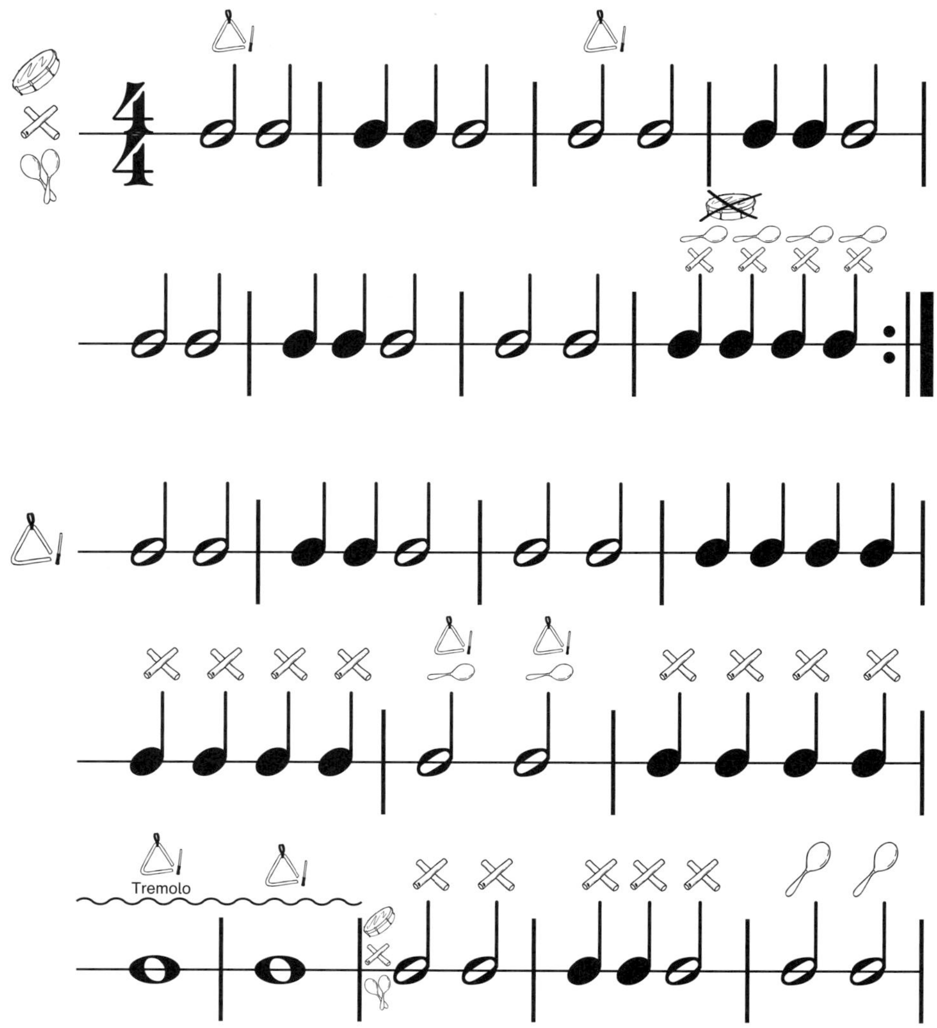

Tipp

Die drei Blätter sollten am besten zusammengeklebt und nebeneinander auf den Notenständer gelegt werden.

3. Stufe 2: Die „Sinfonie mit dem Paukenschlag“ von Haydn

Beim dritten Spiel-mit-Satz, dem zweiten Satz aus Haydns berühmter sogenannter „Sinfonie mit dem Paukenschlag“, können die Schüler kreativ werden, da wieder keine Instrumente festgelegt sind.

- Fragen Sie: Welches Instrument passt wohl gut?
- Sie können auch eine Gruppenarbeit daraus machen und von den angebotenen Versionen die beste auswählen.

Sinfonie mit dem Paukenschlag

4. Stufe 2: „The young persons guide to the orchestra“ von Britten

Auch dieser Spiel-mit-Satz ist noch recht einfach: Es handelt sich um Benjamin Brittens Thema aus „The young persons guide to the orchestra“. Lediglich die punktierte Halbe ist aus dem Repertoire der zweiten Stufe. Das anspruchsvollere Vorhaben bei diesem Stück sind jedoch die Tempi-Wechsel und die Taktwechsel – die man aber nicht zwingend thematisieren muss.

Info

Wenn auf dem Wiederholungszeichen ein „2×“ notiert ist, bedeutet das, dass die Zeile zweimal wiederholt, also insgesamt dreimal gespielt wird.
„Von vorne“ erklärt sich selbst …
Das Wiederholungszeichen am Ende besagt: wiederholen – aber nicht ab dem Anfang, sondern ab der vierten Zeile, denn dort steht das Wiederholungszeichen-Gegenstück.

Info

Auch hier können die Schüler überlegen, wie sie instrumentieren möchten.

The young persons guide to the orchestra

Schlagzeugsolo
noch einmal A

Info

Die Seiten unterscheiden sich nur in wenigen Noten. Das Orchester ist aber jeweils ganz unterschiedlich orchestriert: Teil A: Tutti (alle), Teil B: Holzbläser (also viel leiser), Teil C: Blechbläser (wieder lauter), Teil D: Streicher (ein eher filigraner Klang).

- Fragen Sie die Schüler, welche Orff-Instrumente jeweils am besten passen.

5. Stufe 2: „Eine kleine Nachtmusik“ von Mozart

Eine CD, auf der sich das Werk „Eine kleine Nachtmusik“ von Wolfgang Amadeus Mozart befindet, hat sicher jeder Musiklehrer in seinem Schrank stehen, ebenso leicht lässt es sich aus dem Internet herunterladen. Als Einführung können Sie den Notensatz mithilfe der Folie an die Wand projizieren und die Melodie von CD einspielen. Mitten im Spiel stoppen Sie und fragen die Schüler, welche die letzte Note war. Die Schüler können die Note auf der Folie zeigen oder beschreiben, wo sie sich befindet (z. B. vierte Zeile, dritter Takt, zweite Note).

- Beginnen Sie zunächst damit, die bekannte Melodie in einem langsameren Tempo zu summen und das Klatschen so einzuüben. Später spornt es die Schüler unheimlich an, wenn man sie fragt, ob sie auch schneller, d. h. im Originaltempo der CD, klatschen können – auch wenn es bei der schnellen Version von der CD recht schwierig ist, die Sechzehntel noch korrekt zu klatschen!

Info

Bei dem Spiel-mit-Satz zu „Eine kleine Nachtmusik“ kommen auch **Sechzehntel** und **punktierte Achtel** vor, die in den Rhythmuskarten nicht eingeführt werden. Da es sich aber um den korrekten Rhythmus der Melodie handelt, wird dies kein Problem darstellen.

Eine kleine Nachtmusik

6. Stufe 2: „Tanz der Rüpel" von Mendelssohn

Beim „Tanz der Rüpel" aus Felix Mendelssohn Bartholdys „Sommernachtstraum" handelt es sich wie bei der „Carmen Suite" wieder um eine Partitur:

- Zunächst spielt die Trommel.
- Bei „Tutti" spielen alle Instrumente, dann ist die Trommel wieder alleine dran.

- Nun sind die Rasseln eingezeichnet und dann die Hölzer.
- In der zweiten Zeile steht genau über den Noten, welches Instrument spielen soll.
- Die dritte Zeile spielt erst die Rassel, bei der Wiederholung spielen die Hölzer usw.

Tanz der Rüpel

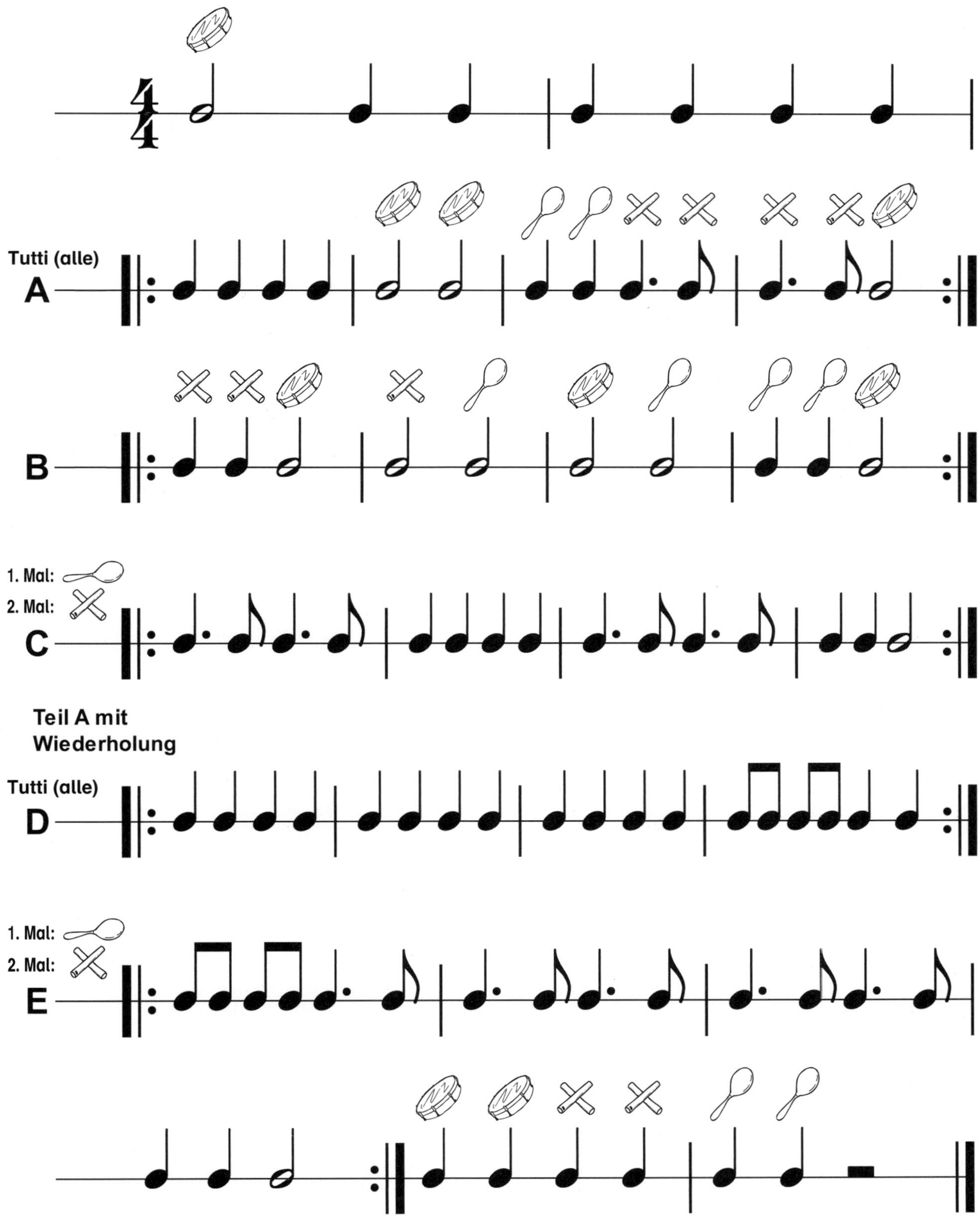

1. Stufe 2: „Jetzt fahr'n wir über'n See"

Bei dem auf der CD-ROM enthaltene Spiel-mit-Satz für Orff-Instrumente des bekannten Kinderliedes „Jetzt fahr'n wir über'n See" entspricht der Rhythmus dem des Liedes. So kann man versuchen, gleichzeitig zu singen und zu spielen. Ansonsten gilt hier dasselbe wie bei den Spiel-mit-Sätzen für Boomwhackers:

- Die Schüler wechseln nach einiger Übezeit das Instrument, so dass sie am Ende der Stunde einmal jedes Instrument gespielt haben.

Info

Die besondere Herausforderung besteht nun darin, dass Sie nicht mehr an einer Partitur zur Not auch noch schnell zeigen können, wo gerade gespielt wird. Trommel, Hölzer und Rassel sind mit ihrem jeweiligen Notenblatt auf sich alleine gestellt und müssen versuchen, den Noten zu folgen und dann zu spielen, wenn die Note eingerahmt ist.

2. Stufe 2: „Die Affen rasen durch den Wald"

Bei „Die Affen rasen durch den Wald" ist der Spiel-mit-Satz so anspruchsvoll, dass ein Schüler **entweder** singen **oder** ein Instrument spielen kann. Daher bietet es sich hier an, lediglich für die Hälfte der Klasse Instrumente bereitzustellen. Wer keines hat, singt einfach – und danach wird gewechselt. Der Spiel-mit-Satz ist nur für rhythmisch sichere Musiker geeignet – vielleicht in einer Musik-AG. Die besondere Herausforderung ist die, dass der Rhythmus des Begleitsatzes nicht der Melodie entspricht. Außerdem wird der Auftakt gesungen, aber die Instrumente setzen erst später ein. Das macht das Ganze noch einmal schwieriger. Beginnen Sie beim Üben mit dem Refrain – bei den Noten: mit der zweiten Zeile. „Wo ist die" wird alleine gesungen. Erst bei „Kokosnuss" setzen die Instrumente ein und haben hier auch denselben „Kokosnuss"-Sprach-Rhythmus.

Bravo

Wenn Ihre Klasse diesen Spiel-mit-Satz beherrscht, haben Sie wirklich ganze Arbeit geleistet! Herzlichen Glückwunsch.

Spiel-mit-Sätze für Boomwhackers

1. Einführung

Für Boomwhackers gibt es leider oft zu komplizierte Notationsmethoden für die Grundschule, da meist auf Notenkenntnisse verzichtet wird. Wenn einfach nur **1 + 2 + 3 + 4 +** durchgezählt werden und dann das **+** zwischen **3** und **4** getroffen werden soll, kann das sehr anstrengend sein.
Mit vorhandenen Notenkenntnissen können die Schüler den Rhythmus der Melodie viel besser mitverfolgen und sehen, wann sie dran sind, weil ihre Note dann dunkel hervorgehoben ist.

Eine Musikstunde zu einem Spiel-mit-Satz für Boomwhackers sieht, **wenn es ein Lied ist**, grundsätzlich folgendermaßen aus:

- Das Lied zunächst singen. Bei einem Stück ohne Gesang beginnen Sie mit dem Austeilen der Notenblätter, so dass sich zwei bis drei Schüler ein Blatt teilen. Nun sprechen alle den Rhythmus mit „Ti-ti", „Ta" und „Tu".
- Im Anschluss sollten Sie die Schüler daran erinnern, worauf sie beim Spiel mit Boomwhackers zu achten haben:

Info

Kein Kontakt mit dem Nachbarn, mit Augen, Ohren und Mund ist erlaubt – der Ton wird durch das Schlagen auf die *eigene* Hand erzeugt.

- Jetzt bekommen die Schüler nach und nach den auf ihren Noten verzeichneten Boomwhacker in die Hand und proben das Lied. Zunächst langsam und dann schneller – so schnell, wie auch gesungen würde.
- Wenn die Schüler im Halbkreis sitzen, ist das Wechseln so am einfachsten:

Wechsel

a. Die Spiel-mit-Sätze und die Boomwhackers bleiben am Platz und jeder Schüler wechselt im Uhrzeigersinn bis zum nächsten neuen Boomwhacker weiter.
b. Zunächst müssen sich die Schüler an das neue Notenblatt gewöhnen. Meist braucht man einige Durchgänge.
c. Nach mehrmaligem Wechsel sollte jedoch die Schwierigkeit erhöht werden. Dies erreichen Sie, indem Sie das Lied dazu singen.
d. Vielleicht schaffen es einige gegen Ende der Stunde, gleichzeitig das Lied zu singen und den Boomwhacker an der richtigen Stelle anzuschlagen.

Spiel-mit-Sätze für Boomwhackers

Auf jedem Notenblatt der **„Boomwacker-Melodie"** sind jeweils zwei Spielanweisungen enthalten:

- einmal für einen Boomwhacker **mit Kappe** (der macht den Boomwhacker um eine Oktave tiefer) – für ihn gelten die **gestrichelt** umrandeten Noten,
- einmal für einen ganz normalen – **ohne Kappe** – für ihn gelten die normal **umrandeten** Noten.

Zunächst sollte jedes Kind nur einen Boomwacker in der Hand halten. Nach einer gewissen Übungszeit können die Schüler einen Ton mit und denselben ohne Kappe in der Hand und beide Noten entsprechend spielen.

Tipp

Es ist empfehlenswert, dass Sie entweder ein Grundmetrum auf Cajon oder Trommel mitspielen oder einen Schlagzeugrhythmus von der CD-ROM dazu laufen lassen – sonst ist es für eine so große Gruppe schwer, zusammen im Rhythmus zu bleiben.

Info

Die letzten Noten der „Boomwhacker-Melodie" wurden zwar noch nicht eingeführt: Es ist eine sogenannte ganze Note, die vier Schläge lang ist. Das ist aber schnell gelernt.

Tipp

Sollten Sie keine Boomwhackers haben, aber über genügend klingende Stäbe oder Xylofone verfügen, können die Spiel-mit-Sätze problemlos auch mit diesen Instrumenten gespielt werden. Jedes Kind muss mit seinem Instrument jeweils nur *einen* Ton spielen.

2. Stufe 1: „Boomwhacker-Melodie“

Info

Zur „Boomwhacker-Melodie“ sehen Sie hier nur eine kleine Auswahl der verschiedenen Notensätze. Auf der CD-ROM finden Sie alle Spiel-mit-Sätze für Boomwhackers, je nach Ton farbig gestaltet!

Es folgen nun Spiel-mit-Sätze für Boomwhackers zu bekannten Kinderliedern. Ohne Boomwhackers zur Hand, kann der Rhythmus trotzdem dazu geklatscht oder auf Orff-Instrumenten gespielt werden.

3. Stufe 1: „Drei Chinesen mit dem Kontrabass"

Hier muss für jede Stimme ein Notenblatt ausgedruckt werden. Am besten sollten die Noten in einer Prospekthülle geschützt aufbewahrt werden.

Drei Chinesen mit dem Kontrabass

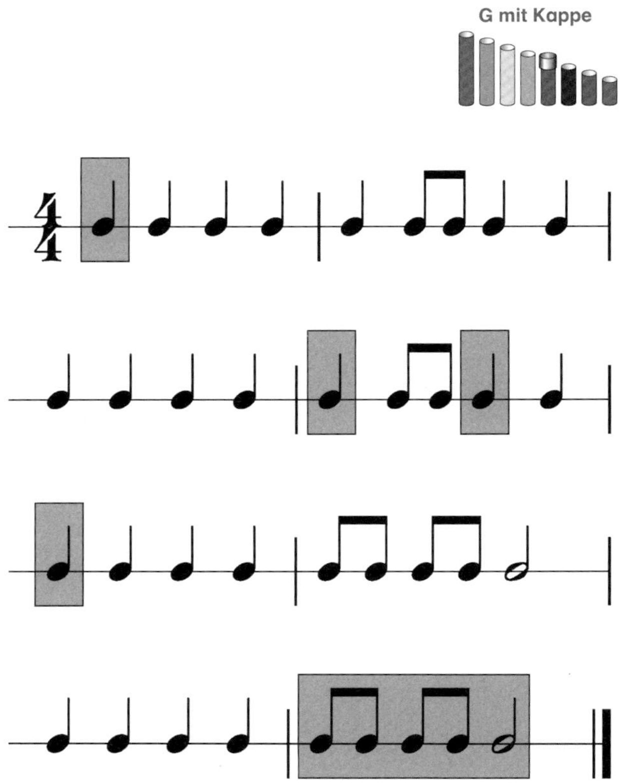

Damit die Schüler mitsingen können, ist eine gewisse Tonhöhe nötig. So kommt es, dass ein fis vorkommt, das nur im chromatischen Satz, aber nicht im diatonischen Satz enthalten ist. Nun haben Sie vier Möglichkeiten:

1. Den Satz kaufen.
2. Den Ton weglassen.
3. Den Ton mit einem Xylofon spielen lassen.
4. Das Rohr selber herstellen (siehe Seite 49 – Spiel-mit-Satz von „Waka Waka").

4. Stufe 1: „Sankt Martin"

- Mit dem Spiel-mit Satz „Sankt Martin" verfährt man genauso wie bei „Drei Chinesen mit dem Kontrabass". Ähnlich wie bei „Die Affen rasen durch den Wald" wird zum Auftakt „Sankt" noch nicht gespielt. Erst bei „Martin" beginnt der Spiel-mit-Satz.

5. Stufe 1: „Waka Waka“ von Shakira

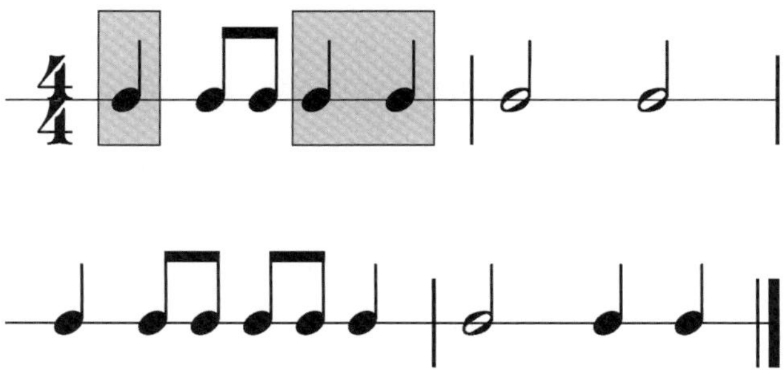

Sie oder Ihre Schüler besitzen das Lied „Waka Waka“ von Shakira? Dann können Sie dazu den Spiel-mit-Satz zu „Waka Waka“ für Boomwhackers realisieren.

Es ist kaum zu glauben, dass das gesamte Stück lediglich aus vier Harmonien besteht, die immer wieder wiederholt werden. Wenn man sich die Playback-Version von bekannten Online-Anbietern herunterlädt, kann man dazu den folgenden Text eines Schulregel-Liedes singen:

1. Strophe:

Bin ich noch müde, würd lieber schlafen. Doch wir besprechen – und wir besprechen – die Hausaufgaben. Gab's gestern Ärger. Bin ich noch sauer. Baue zum Nachbarn – ja zu Nachbarn – einfach 'ne Mauer.
Das ist zwar falsch, ich fühl es. Wie war'n sie noch, die Regeln?

→ Refrain

Ich bin freundlich und fair. Ich bin leise, hör gut zu. Aufmerksam und ordentlich. Bei Stopp da hör ich auf. Ich bin freundlich und fair. Ich bin leise, hör gut zu. Aufmerksam und ordentlich. Ich halt die Regeln ein!

2. Strophe:

Wird mir die Arbeit heute so schwer. Hab das Gefühl – jetzt wird mir kühl – 's wird immer noch mehr. Tornister und Hefte, ha'm eigne Kräfte. Immer nur suchen – ich könnte fluchen – Wo krieg ich mein Buch her?
Ich geb' mir trotzdem Mühe. Die Regeln ich jetzt spüre.

→ Refrain

Dieses Lied kann von der ganzen Schule gesungen und von ein bis zwei Klassen auf Boomwhackers begleitet werden.

Tipp

Für „Waka Waka“ brauchen Sie den chromatischen Satz, der in den Schulen oft nicht vorhanden ist: denn fis und cis sind gefordert. Wenn man keinen chromatischen Satz kaufen will, kann man Geschenkpapierröhren oder andere Rohre auf die Länge von 44,4 cm kürzen für fis und auf die Länge von 59,95 cm für cis.

6. Stufe 2: „Billy“

Für Boomwhackers gibt es in der zweiten Stufe ein anspruchsvolles Stück, das am besten zu einem Schlagzeug-Rhythmus der CD-ROM begleitet wird: „Billy“. Auch hier benötigt man einen chromatischen Satz.

Tipp

Für Bb schneiden Sie ein Rohr auf die Länge von 70,4 cm.

Info

Zu „Billy“ sehen Sie hier nur eine kleine Auswahl. Auf der CD-ROM finden Sie alle verschiedenen Notensätze je nach Ton farbig gestaltet!

Rhythmustest 1 – Stufe 1

Name: ______________________________ Datum: ______________________

1. Notiere die Noten:

Ti-ti: ____________________

Tu: ____________________

Ta: ____________________ /3P

2. Welchen Rhythmus habe ich geklatscht – kreuze an:

☐ 

☐ 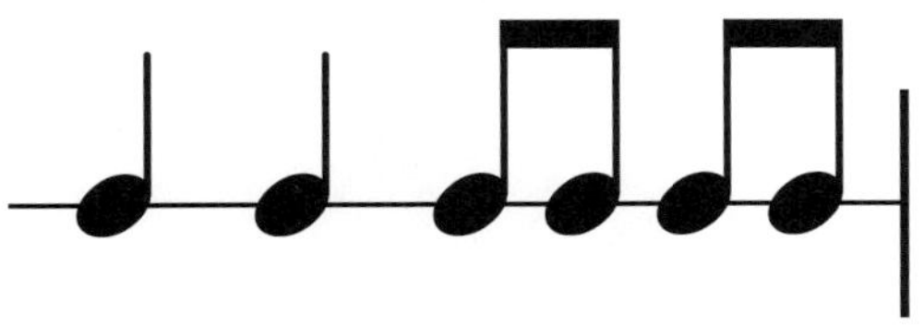

☐ 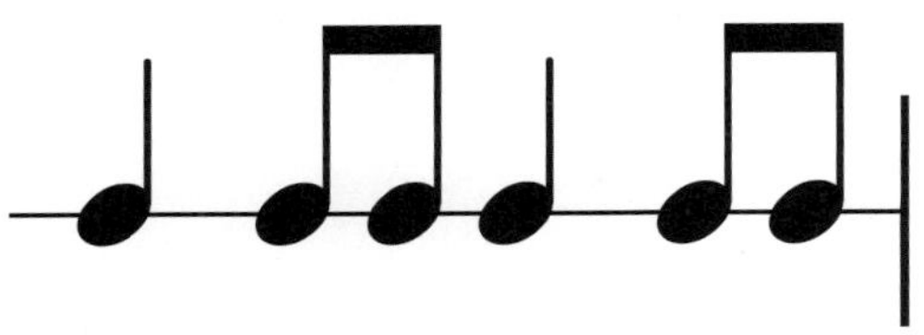

/1P

Von 4 Punkten hast du _____ Punkte erreicht!

Rhythmustest 2 – Stufe 1

Name: ______________________ Datum: ______________________

1. Hier fehlen Noten! Es sollen immer vier Schläge im Takt sein.
   Denke dir passende aus!

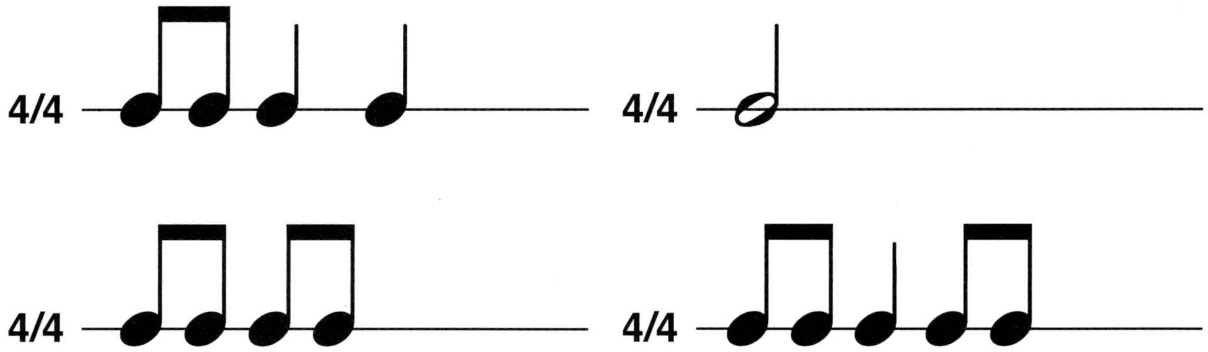

/4P.

2. Notiere folgenden Rhythmus, den ich klatsche:

____ /4P

Von 8 Punkten hast du _____ Punkte erreicht!

Rhythmustest 3 – Stufe 2

Name: ______________________________ Datum: ______________________

1. Notiere die Noten:

   eine Viertel: ____________

   eine punktierte Halbe: ____________

   eine Achtel: ____________ /3P

2. Welchen Rhythmus habe ich geklatscht – kreuze an:

☐ 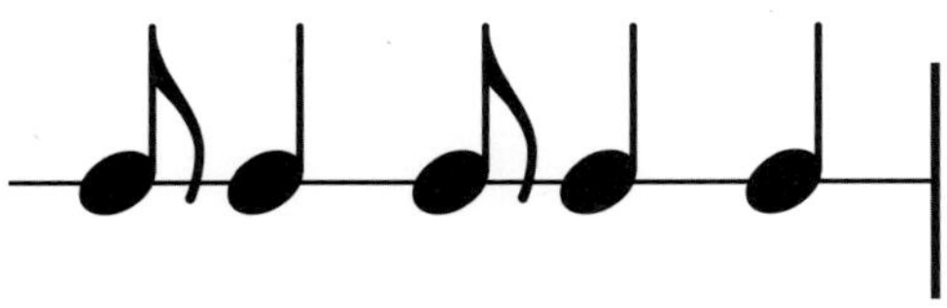

☐ 

☐ 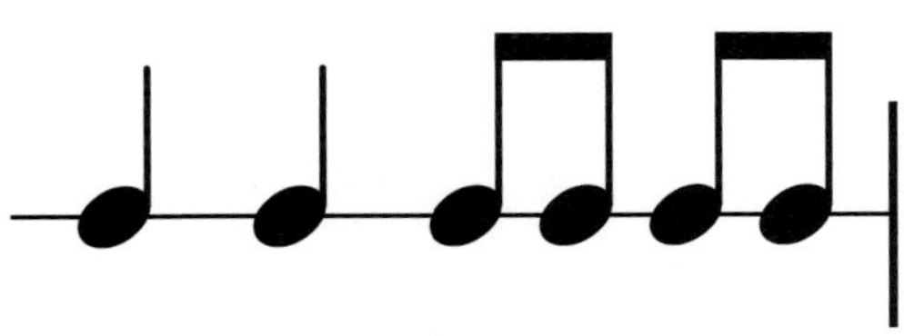

/1P

3. Setze die fehlenden Taktstriche an die richtige Stelle!

4/4 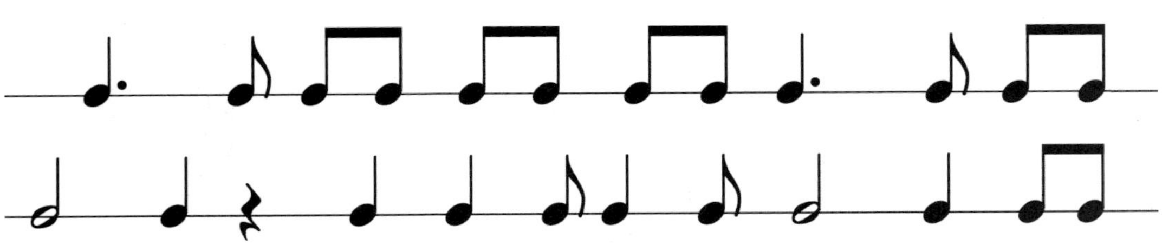

/5P

4. Denke dir einen eigenen 4/4-Takt aus:

____ /1P

Von 10 Punkten hast du _____ Punkte erreicht!

Rhythmustest 4 – Stufe 2

Name: ______________________ Datum: ______________

1. Hier fehlen Noten! Es sollen immer vier Schläge im Takt sein.
   Denke dir passende aus! Notiere, wie du zählst!

4/4 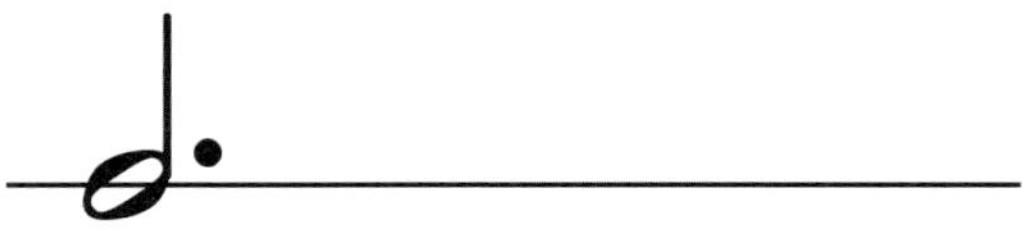

4/4 

4/4 

4/4 

/4P.

2. Notiere folgenden Rhythmus, den ich klatsche:

____

/4P

3. Nummeriere die Rhythmen in der Reihenfolge, wie du sie hörst:

☐ 

☐ 

☐ 

☐ 

/4P

4. Notiere die richtige Taktart vor dem jeweiligen Rhythmus.

☐ 

☐ 

/2P

Von 14 Punkten hast du ____ Punkte erreicht!

Engagiert unterrichten. Natürlich lernen.

Außerdem empfehlen wir Ihnen:

Sonja Ortmanns

Musik erzählt Geschichten

Gemeinsam improvisieren · aktives Zuhören lernen · klassische Musik besser verstehen

Dieses Heft bietet Ihnen eine einfache und spielerische Methode, Ihre Schüler in nur zwei Unterrichtsstunden zu aktiven Musikern, Komponisten und Hör-Experten zu machen – ganz ohne Notenkenntnisse. Im ersten Schritt werden die Kinder selbst musikalisch aktiv, indem sie in Gruppen zusammenspielen und dabei Orff-Instrumente kreativ einsetzen. Im zweiten Schritt hören sie Musikausschnitte berühmter Komponisten. Der musikalische Wettbewerb entscheidet: Welche Gruppe vertont ihre Szene oder Figur am besten und wer hat die meisten Musikausschnitte richtig zugeordnet? So lernen die Schüler aktives Zuhören und erhalten einen motivierenden Zugang zu klassischer Musik.

Hier werden Schüler zu Dirigenten, Komponisten und begeisterten Musikern!

→ Klasse 2–4, Heft, 63 Seiten, DIN A4, inkl. CD, **Nr. 10308**

Sonja Ortmanns

Bühnenreife Pantomime zu klassischer Musik

Kurze und kreative Aufführungen · schnell vorbereitet

Zum Wochenabschluss, auf Schulfeierlichkeiten oder zum Klassenfest – kleine Aufführungen gehören in der Grundschule einfach zum Schulalltag. Dieses Heft liefert Ihnen nun eine kreative Alternative zum normalen Theaterstück: Die Schüler führen eine Pantomime auf – und kommen dabei ganz ohne Text oder Notenkenntnisse aus! Als musikalische Basis dienen elf klassische Musikwerke berühmter Komponisten. Die Stücke sind kurz, sie dauern zwischen 30 Sekunden und sechs Minuten. Dazu gibt es jeweils eine übersichtliche Darstellung zu Musik, Rollen und Requisiten sowie die Handlungsanleitung.
Das Plus: Alle elf Musikstücke befinden sich einmal mit und einmal ohne Regieanweisungen auf der Audio-CD.

Hören, bewegen, in Szene setzen!

→ Klasse 1–4, Heft, 31 Seiten, DIN A4, inkl. CD, **Nr. 10285**

Dorothea Fehse

Rhythmusspiele mit Kindern

Sprachrhythmus, Bewegung, Soziales Lernen

In diesem Heft finden Sie einen schwungvollen Ansatz, um Ihren Schülern ein grundlegendes Rhythmusverständnis zu vermitteln. Mit Rhythmusspielen, Sprechgesängen und Raps helfen Sie den Schülern, das Zusammenspiel von Füßen, Händen und Stimme zu trainieren und bekommen wertvolle Tipps, wie Rhythmusarbeit bei Lernschwierigkeiten helfen kann.

Mit Rhythmus lernt sich's leichter!

→ Kiga bis Klasse 4, Heft, 48 Seiten, DIN A4, inkl. CD, **Nr. 5045**

Unser Bestellservice:

Das komplette Verlagsprogramm finden Sie in unserem Online-Shop unter: www.aol-verlag.de

Bestellung per Telefon: 040-32 50 83-060
Bestellung per E-Mail: info@aol-verlag.de

AOL verlag

Engagiert unterrichten. Natürlich lernen.

Außerdem empfehlen wir Ihnen:

Michael Bromm

Musik für wilde Jungs und starke Mädchen

Einfach machbar: handfeste Instrumentenwerkstätten und aufregende Musizierprojekte

Kevin singt nicht mit, Lea mag keine Klassik? Besonders die „coolen Typen" sind schwer für den Musikunterricht zu motivieren. Doch bei diesen handlungsorientierten Projekten zum Instrumentenbau und Musizieren sind sie voll dabei! „Drums to go", Obstkistenharfe oder Halmoboe: Die Instrumentenbauprojekte gelingen Ihnen dank simpler Materialien und klarer Anleitungen. Der experimentelle Umgang mit klingenden Materialien und die Differenzierungsangebote sorgen dafür, dass alle Ihre Schüler mit Freude zusammen Musik machen.

Das Plus: Playbacks erleichtern auch fachfremd Unterrichtenden das Erlernen der Lieder und Stücke.

Dieser Musikunterricht begeistert Jungen und Mädchen gleichermaßen!

→ Klasse 1–4, Buch, 120 Seiten, DIN A4, inkl. CD mit Playbacks, **Nr. 10222**

Michael Bromm

Ohrenöffner für Kinder

Hörbeispiele aus 1000 Jahren Musikgeschichte

19 bekannte und beliebte Stücke der klassischen Musik werden hier mit kurzen Geschichten, Informationen zum Komponisten und zu den Instrumenten und mit spannenden Aufgaben vorgestellt. Die Arbeitsblätter stellen den Schülern Hörfragen und geben detaillierte Anleitungen für eine spielerische Beschäftigung mit dem jeweiligen Musikstück. Auch für Lehrer ohne Musikausbildung geeignet.

Hier ist Musik drin!

→ Klasse 1–6, Heft, 44 Seiten, DIN A4, inkl. CD, **Nr. 5027**

Christian Kunkel

Bühne frei für unser Müllmusical!

Tipps, Text und Noten für eine halbstündige Aufführung zum Umweltthema Recycling

Sie möchten gern ein Musical auf die Beine stellen, aber wissen nicht wie? Dieses Heft gibt Ihnen Starthilfe. Das 30-minütige Musical „Knorre Eichenherz" eignet sich ideal für Einsteiger und fachfremd Unterrichtende. Das Heft bietet neben einem komplett ausgearbeiteten Musical mit Text, Noten und Playbacks nützliche Tipps zu Besetzung, Bühnenbild, Kostümen und vielem mehr!
Das Stück handelt von dem alten Baum Knorre Eichenherz, der einer Mülldeponie weichen soll. Die Themen Mülltrennung und Recycling stehen dabei im Vordergrund, sodass gleichzeitig wichtige Lehrplaninhalte des Sachunterrichts vermittelt werden. Mit diesen Materialien erzielen Sie die perfekte Kombination der Fächer Musik, Sachunterricht, Kunst, Textiles Gestalten, Werken und Deutsch. Enthalten sind Playbacks zu allen fünf Liedern!

So gelingt ein umweltfreundliches Musical!

→ Klasse 2–4, Heft, 39 Seiten, DIN A4, vierfarbig, inkl. CD mit Playbacks, **Nr. 10249**

Unser Bestellservice:

Das komplette Verlagsprogramm finden Sie in unserem Online-Shop unter: www.aol-verlag.de

Bestellung per Telefon: 040-32 50 83-060
Bestellung per E-Mail: info@aol-verlag.de

AOL verlag